Conserver la Couverture

MÉTHODE

D'ACCOMPAGNEMENT

PLAIN-CHANT

À LA PARTIE SUPÉRIEURE

LA PORTÉE DES PERSONNES QUI VEULENT TOUCHER DE L'ORGUE

DANS LES PAROISSES ET LES COMMUNAUTÉS RELIGIEUSES

PAR

P. L. MONCOUTEAU

PROFESSEUR D'ORGUE ET D'HARMONIE, EX-ORGANISTE DE SAINT-GERMAIN DES PRÉS
ANCIEN RÉPÉTITEUR À L'INSTITUTION DES JEUNES AVEUGLES

MÉTHODE À L'USAGE DE TOUS LES DIOCÈSES

PARIS

ADRIEN LE CLERE ET Cᵉ, LIBRAIRES-ÉDITEURS

IMPRIMEURS DE NOTRE SAINT-PÈRE LE PAPE ET DE L'ARCHEVÊCHÉ DE PARIS

RUE CASSETTE 29, PRÈS SAINT-SULPICE

1864

MÉTHODE D'ACCOMPAGNEMENT

DU

PLAIN-CHANT

A MON AMI, HECTOR JOSSE,

ORGANISTE D'IVRY-SUR-SEINE

HOMMAGE DE L'AUTEUR

MÉTHODE

D'ACCOMPAGNEMENT

DU PLAIN-CHANT

AVEC

LE CHANT A LA BASSE ET A LA PARTIE SUPÉRIEURE

MISE

A LA PORTÉE DES PERSONNES QUI VEULENT TOUCHER DE L'ORGUE

DANS LES PAROISSES ET LES COMMUNAUTÉS RELIGIEUSES

PAR

P. F. MONCOUTEAU

PROFESSEUR D'ORGUE ET D'HARMONIE, EX-ORGANISTE DE SAINT-GERMAIN DES PRÉS
ANCIEN RÉPÉTITEUR A L'INSTITUTION DES JEUNES AVEUGLES

MÉTHODE A L'USAGE DE TOUS LES DIOCÈSES

PARIS

ADRIEN LE CLERE ET Cⁱᵉ, LIBRAIRES-ÉDITEURS

IMPRIMEURS DE NOTRE SAINT-PÈRE LE PAPE ET DE L'ARCHEVÊCHÉ DE PARIS

RUE CASSETTE 29, PRÈS SAINT-SULPICE

1864

PRÉFACE

C'est une chose toujours difficile que d'exposer avec méthode et clarté les principes d'une science ou d'un art quelconque. Mais la difficulté est bien plus grande encore lorsque ces principes reposent sur des bases incertaines : tels sont ceux qui se rapportent à l'accompagnement du plain-chant.

Les mélodies grégoriennes et les autres chants liturgiques ont été composés dans une tonalité qui n'est plus celle d'aujourd'hui ; de là des tournures de phrases qui nous semblent d'autant plus étranges que nous ne sommes point accoutumés à en entendre de pareilles ailleurs.

Les systèmes sur la manière d'harmoniser le plain-chant se réduisent à deux principaux.

Les uns pensent que le plain-chant appartenant à l'ancienne tonalité, les accords pour l'accompagner doivent avoir la même source. Au premier abord cette opinion peut sembler rationnelle ; mais on reconnaît bientôt que l'harmonie faite dans ce système augmente encore le nombre des passages qui peuvent affecter péniblement l'oreille. La raison de ce fait est facile à comprendre : toutes les phrases des mélodies composées dans la tonalité moderne renferment la note sensible, soit dans le chant, soit dans les accompagnements. Il n'y a, par conséquent, toujours qu'un demi-ton du septième degré à la tonique, tandis que dans beaucoup de plains-chants l'intervalle entre ces mêmes notes est d'un ton, de sorte que ces plains-chants n'ont pas de note sensible.

Accoutumés que nous sommes à entendre la note sensible partout, dans la musique de salon, au théâtre, à l'église même, si ce n'est dans certains plains-chants, est-il étonnant que l'absence de cette note contrarie l'oreille, non-seulement toutes les fois que le plain-chant va du septième degré à la tonique, mais aussi lorsque ce passage a lieu dans l'accompagnement ? c'est pourquoi il me semble que l'harmonie faite sans la note sensible n'est qu'un inconvénient de plus à ceux que présentent déjà par eux-mêmes les plains-chants dont je viens de parler.

Si l'on remplace par des *ut* naturels les *ut* dièses qui se trouvent dans une mélodie simple, écrite en *ré* mineur, on aura, sous le rapport des intonations, une idée à peu près exacte de l'effet du plain-chant sans note sensible.

Je partage entièrement l'opinion de ceux qui pensent que le plain-chant, comme toute autre mélodie, doit être accompagné par l'harmonie la plus douce et la plus naturelle possible; or, ces conditions ne sauraient être mieux remplies que par l'harmonie moderne, qui est le résultat des efforts successifs des musiciens de génie de toutes les époques.

Je crois donc que, pour accompagner le plain-chant, il faut donner à chaque note l'harmonie qui lui est naturelle, dans le ton où on l'a considérée, suivre les diverses modulations du chant, et mettre la note sensible à l'accompagnement toutes les fois qu'il n'y a pas d'inconvénient à le faire. Tels sont les principes d'après lesquels j'ai toujours entendu, à fort peu d'exceptions près, accompagner le plain-chant par les meilleurs organistes de Paris.

Ainsi, quand un plain-chant du premier ou du deuxième mode finit par les notes *ré, mi, ut, ré,* on ne fera pas l'*ut* dièse sur le *mi* à cause de la proximité de l'*ut* naturel; mais on trouve, surtout dans les plains-chants des deux premiers modes, une foule de phrases renfermées dans les cinq premières notes de la gamme *ré, mi, fa, sol, la,* et qui sont franchement en *fa* ou en *ré* mineur; on doit dès lors mettre à l'accompagnement le *si* bémol et l'*ut* dièse, comme on le ferait si ces mélodies portaient un autre nom que celui de plain-chant.

Nous croyons que l'erreur de ceux qui blâmeraient cette manière de voir serait de sacrifier le sentiment musical aux exigences d'une théorie arrêtée d'avance, mais dont la mise en pratique ne tarderait pas à faire sentir les inconvénients. Puisqu'il s'agit de musique, c'est l'oreille qui doit prononcer en dernier ressort. Nous sommes convaincu que toutes les fois que les mêmes plains-chants auront été également bien harmonisés, selon les principes de chacun des deux systèmes, la prédilection de la majorité des connaisseurs sera constamment acquise aux plains-chants accompagnés conformément aux règles ordinaires de l'harmonie.

Si c'est un tort pour nous de préférer l'harmonie actuelle à celle des siècles passés, nous avons du moins la consolation d'être en fort bonne compagnie, car c'est aussi le tort des Haydn, des Mozart, des Beethoven, des Lesueur, des Chérubini, et de tous les compositeurs contemporains.

J'ai placé la note sensible à la fin des phrases, quand elle m'a paru impérieusement réclamée par le goût, quoiqu'elle ne soit pas écrite dans les livres de plain-chant ; mais je me suis conformé en cela à l'opinion d'un grand nombre de savants théoriciens.

M. Félix Clément, dans son intéressante *Histoire de la musique religieuse*, a établi par de nombreuses citations que cette opinion était celle de Guy d'Arrezzo et de beaucoup d'autres auteurs venus après lui.

Cet ouvrage commence par des notions préliminaires relatives au plain-chant et aux principes de solfége. Il se divise en trois parties : la première traite du plain-chant mis à la basse, la seconde du plain-chant à la partie supérieure.

Je n'ai employé dans ce travail que l'accord parfait et l'accord de sixte, ce qui m'a permis de rendre les explications plus simples ; ces accords, d'ailleurs, conviennent mieux au style sévère du plain-chant. Néanmoins, pour être utile aux personnes qui désirent pousser leur étude plus loin, j'ai dans la troisième partie expliqué succinctement quelques autres accords, et même le contre-point.

J'avais un double écueil à éviter : si j'accompagnais les mêmes tournures de phrases invariablement par les mêmes formules, il en résultait de la monotonie ; si au contraire les formules différentes étaient trop multipliées, elles devaient embarrasser l'élève, qui ne peut reconnaître les mêmes passages et se rappeler comment on les accompagne qu'après les avoir vu employer bien des fois dans des conditions identiques sous le rapport du chant et de l'harmonie. J'ai fait de mon mieux pour dissimuler ces deux défauts.

Il est facile d'étudier cet ouvrage sans maître ; car, après avoir harmonisé un plain-chant, je l'ai immédiatement reproduit seul ; l'élève doit chercher à l'accompagner, et, pour sortir d'embarras, il lui suffit de relire le modèle. J'ai commencé par les plains-chants les plus faciles à accompagner, et je suis arrivé graduellement aux plus difficiles, de manière que le plain-chant qui suit ne présente que peu de différence avec celui qui le précède. Cet ordre m'a paru préférable à celui des huit modes. En effet, tous les plains-chants appartenant au même mode sont loin d'être dans les mêmes conditions sous le rapport de l'harmonie.

L'hymne *Creator alme siderum* est un chant du quatrième ton, franchement dans le mode majeur ; et si au lieu de faire monter la dernière note de *ré* à *mi*, on l'avait fait descendre d'un degré, de *ré* à *ut*, on aurait eu un chant du cinquième ou du sixième ton baissé d'une quarte. L'hymne *A solis ortus cardine* est aussi un chant du quatrième ton, mais celui-ci est dans le mode mineur. Ces deux chants du quatrième ton ne doivent donc pas être placés à côté l'un de l'autre. Dans le chant romain, l'hymne *Sacris solemniis juncta* est du premier ton, tandis qu'elle est du quatrième dans le chant parisien, et cela parce que la finale de ce dernier chant est *mi*, tandis que le chant romain se termine par *ré*. Or, il est évident que cette différence de finale ne peut modifier en rien l'harmonie du reste de l'hymne.

Ces exemples, et beaucoup d'autres, prouvent qu'il n'y a pas une manière spéciale d'accompagner les chants de chaque mode; d'ailleurs ceux qui ont composé le plain-chant ont suivi leur inspiration, sans se préoccuper de l'harmonie; et, en effet, beaucoup d'entre eux vivaient à une époque où cette science n'était même pas connue

On a reproduit à la fin de la troisième partie tous les plains-chants donnés dans les parties précédentes; mais cette fois ils sont notés comme dans les livres de liturgie.

Les jeunes organistes trouveront ainsi dans cette méthode les moyens d'acquérir les éléments des connaissances nécessaires pour remplir leurs honorables fonctions.

P. F. Moncouteau.

NOTIONS PRÉLIMINAIRES

UN MOT SUR LE PLAIN-CHANT

1. Le plain-chant est la musique notée dans les livres liturgiques, chantée par le chœur et les fidèles dans les églises catholiques pendant la célébration des offices divins. Il y a dans le plain-chant huit modes ou tons, qui se distinguent par l'étendue, la dominante et la finale.

2. L'étendue d'un mode est déterminée par la gamme dans laquelle sont composés les plains-chants qui appartiennent à ce mode. Pour mettre le lecteur à même de se rendre plus aisément compte sur le piano, ou sur l'orgue, des gammes affectées à chaque mode, je vais les écrire à la clef de *fa*. Toutes les notes des gammes suivantes sont naturelles :

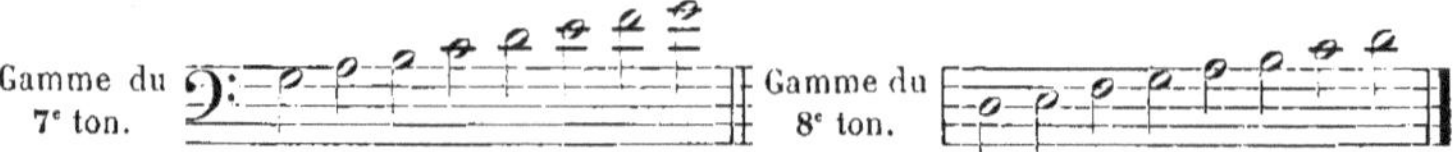

De toutes ces gammes, celle du sixième ton est la seule qui soit semblable à notre gamme majeure ; en effet, les deux demi-tons y sont placés du troisième au quatrième degré, et du septième degré à l'octave ; tandis que, dans les autres gammes, ils sont autrement disposés. On ne rencontre guère dans les livres de plain-chant d'autres signes accidentels que le bémol devant le *si*. On trouve surtout le *si* ♭ dans le cinquième ton, dont la gamme, qui est en *fa*, devient ainsi exactement semblable à la nôtre. Les plains-chants du cinquième ton avec le *si* ♭, et ceux du sixième ton, étant composés dans la tonalité moderne, paraissent en général plus naturels que les plains-chants qui appartiennent aux autres modes.

3. On appelle dominante en plain-chant la note qui, dans chaque mode, est sensée revenir le plus souvent.

Les psaumes se composent de versets dont les uns sont plus longs que les autres. Ces versets se chantent néanmoins sur la même mélodie ; pour cela, on reste sur la dominante aussi longtemps qu'il le faut pour pouvoir prononcer toutes les syllabes, jusqu'à celles où l'on doit changer de notes pour terminer la phrase. Voici les huit dominantes qui correspondent aux huit modes :

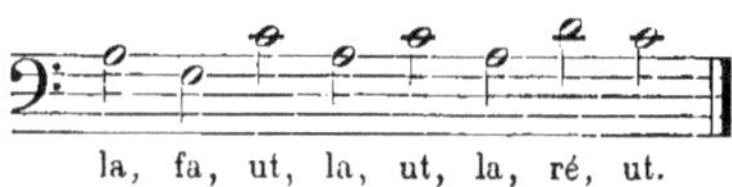

La première dominante *la* est celle du premier ton, la seconde *fa* est celle du deuxième ton, et ainsi de suite.

4. On nomme finale la note par laquelle se termine une pièce de plain-chant. Chaque ton a sa finale, qui est indiquée dans l'exemple suivant :

1ᵉʳ ton.	2ᵉ ton.	3ᵉ ton.	4ᵉ ton.	5ᵉ ton.	6ᵉ ton.	7ᵉ ton.	8ᵉ ton.
ré,	ré,	mi,	mi,	fa,	fa,	sol,	sol.

5. Les huit tons se divisent en authentiques et en plagaux. Les authentiques sont les tons impairs, c'est-à-dire le premier, le troisième, le cinquième et le septième. Les tons plagaux sont les tons pairs, par conséquent le deuxième, le quatrième, le sixième et le huitième.

Les théoriciens regardent le ton authentique comme étant le ton modèle, et le ton plagal qui le suit immédiatement dans l'ordre des modes, comme son dérivé. En effet, l'exemple précédent nous montre qu'il y a de l'analogie entre le premier et le deuxième ton, puisqu'ils ont la même finale, qui est *ré*. Nous avons vu que la gamme du premier ton commence par *ré*, et celle du deuxième ton par *la*, une quarte au-dessous. Or, ce dernier mode est considéré comme n'étant pour ainsi dire qu'un premier ton, dont les quatre dernières notes de la gamme, *la, si, ut, ré*, ont été transportées au grave pour servir de point de départ à la gamme du deuxième ton. On pourrait faire des observations analogues sur le troisième et le quatrième ton, sur le cinquième et le sixième, et sur le septième et le huitième.

6. On désigne quelquefois l'étendue des modes par les notes les plus essentielles ; ces notes sont, dans les tons authentiques, la première, la cinquième et la huitième de leur gamme ; ainsi, on dit que l'étendue du premier ton est *ré, la, ré* ; que celle du troisième est *mi, si, mi*, etc.

Dans le ton plagal, on nomme la première, la quatrième et la huitième note de la gamme ; par exemple, on dit que l'étendue du deuxième ton est *la, ré, la*. Remarquez que ces notes sont les mêmes que celles du premier ton, si ce n'est qu'on part de *ré* dans le premier mode, et de *la* dans le second.

On représentait autrefois les sept notes *la, si, ut, ré, mi, fa, sol*, par les sept premières lettres de l'alphabet. Ces signes se correspondaient comme il suit :

On disait un *D, la, ré*, c'est-à-dire *ré, la, ré*, pour désigner un plain-chant du premier ton ; un *E, si, mi*, c'est-à-dire *mi, si, mi*, pour marquer un chant du troisième mode.

Tableau des huit modes du plain-chant, indiquant pour chacun d'eux la clef à laquelle on l'écrit ordinairement, l'étendue, la dominante et la finale. Ici les portées n'ont que quatre lignes, comme dans les livres liturgiques.

MODES.	CLEFS.	ÉTENDUE.			DOMINANTES.	FINALES.
1er	Clef d'ut 4e	ré	la	ré	la	ré
2e	Clef de fa 3e	la	ré	la	fa	ré
3e	Clef d'ut 4e	mi	si	mi	ut	mi
4e	Clef d'ut 4e	si	mi	si	la	mi
5e	Clef d'ut 3e	fa	ut	fa	ut	fa
6e	Clef d'ut 4e	ut	fa	ut	la	fa
7e	Clef d'ut 3e	sol	ré	sol	ré	sol
8e	Clef d'ut 4e	ré	sol	ré	ut	sol

Il résulte de ce tableau que le premier ton s'écrit à la clef d'*ut* quatrième, que son étendue est d'une octave à partir de *ré*, qu'il a pour dominante *la*, et *ré* pour finale. Il y a des plains-chants qui excèdent l'étendue de leur mode d'une ou de plusieurs notes, soit à l'aigu, soit au grave : on les appelle tons mixtes ou tons irréguliers.

On remarquera en outre que la clef d'*ut* 4e ligne est la plus usitée. Elle sert pour les 1er, 3e, 4e, 6e et 8e tons. Le second mode, qui est le plus grave de tous, s'écrit sur la clef de *fa* 3ᵉ, tandis que les 5ᵉ et 7ᵉ tons, qui sont les plus élevés, sont notés sur la clef d'*ut* 3ᵉ ligne.

7. A l'exception de quelques pièces écrites à trois ou à quatre temps, le plain-chant n'est pas mesuré. Cependant, pour marquer la durée assez arbitraire des notes, on se sert de signes que nous allons indiquer, ainsi que les figures musicales qui leur correspondent dans la traduction en notes modernes du chant grégorien restauré et du chant romain traditionnel.

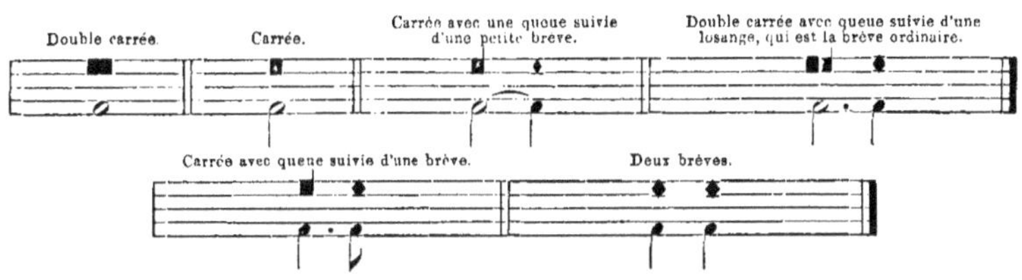

CHANT ROMAIN TRADITIONNEL.

Les notes communes, une note caudée suivie d'une note commune, et toutes les notes d'un groupe commençant par une note caudée suivie de plusieurs brèves, se traduisent par des blanches. Ex. 1ᵉʳ.

Une brève portant seule sur une syllabe se remplace par une noire, et la note qui la précède, caudée ou non, par une blanche pointée. Ex. 2ᵉ.

La note caudée placée à la fin de la phrase et la maxime ont une durée plus longue que la note commune, et se traduisent ainsi. Ex. 3ᵉ.

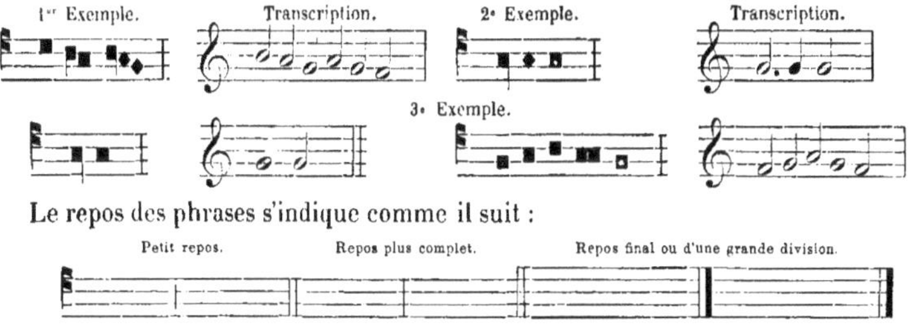

Le repos des phrases s'indique comme il suit :

8. On trouve en tête de quelques pièces de plain-chant des indications du genre de celle-ci : 1ᵉʳ en *D*, ce qui veut dire que le plain-chant qui va suivre est un premier ton finissant par *ré*; 5 en *F* annonce un cinquième ton qui finit par *fa*.

Toutefois, comme les chants destinés aux psaumes ont différentes finales, on les distingue par des lettres qui ne font pas toujours connaître la dernière note ; il y a, par exemple, le 1er en *J*, quoique cette lettre ne représente aucune note particulière.

9. Le repos qui a lieu dans les versets des psaumes se marque par un astérisque (*).

10. Les organistes sont appelés à mettre le plain-chant tantôt à la main gauche et tantôt à la main droite. La première partie traite de l'accompagnement du plain-chant à la basse; la seconde, de l'accompagnement du plain-chant à la partie supérieure. Avant de passer à la première partie, nous allons rappeler au souvenir du lecteur quelques principes de solfége, dont il importe d'avoir une parfaite connaissance pour l'étude de ce traité.

RÉCAPITULATION DE QUELQUES POINTS
DE LA THÉORIE MUSICALE.

11. Chacune des sept notes peut être le point de départ d'un ton; par exemple, on dit jouer en *ut*, en *ré*, être en *mi*, en *fa*, etc., etc. La première note de la gamme d'un ton s'appelle tonique; la cinquième note, dominante; la septième note, sensible; la huitième note n'est que l'octave ou la répétition de la tonique. En *ut*, la tonique est donc *ut*, la dominante *sol*, et la note sensible *si*.

Dans ces expressions, 1er, 2e, 3e degré de la gamme ou du ton, degré est synonyme de note : cette phrase signifie conséquemment *ut*, *ré*, *mi* quand on est en *ut* : *ré*, *mi*, *fa* lorsqu'on est en *ré*.

12. Il y a deux modes : le majeur et le mineur. Parlons d'abord du mode majeur.

La gamme majeure renferme cinq tons et deux demi-tons. Les demi-tons se placent entre le troisième et le quatrième degré, et entre le septième degré et la tonique. En *ut*, les demi-tons se trouvent de *mi* à *fa* et de *si* à *ut*. Les gammes des autres tons doivent être pareilles à celle d'*ut*; c'est pourquoi on met à la clef un certain nombre de dièses ou de bémols pour jouer en tel ou tel ton.

13. Ainsi, on fait le *fa* ♯ dans la gamme de *sol*, pour qu'il n'y ait qu'un demi-ton de la septième note de la gamme, qui est *fa*, à la tonique *sol*.

Les sept notes se rangent ainsi dans l'ordre des dièses : *fa*, *ut*, *sol*, *ré*, *la*, *mi*, *si*. Pour trouver en quel ton on est avec un certain nombre de ♯ à la clef, il faut monter d'un demi-ton au-dessus du dernier ♯. Ainsi, avec un ♯, qui est *fa*, on est en *sol ;* avec deux ♯, *fa, ut,* on est en *ré ;* et le dernier ♯ à la clef, ici l'*ut,* se trouve note sensible du ton.

Si donc, dans un plain-chant en *ut,* il se rencontre un *fa* ♯ accidentel, on en conclura qu'il y a changement de ton en cet endroit, c'est-à-dire une modulation en *sol ;* mais quand le *fa* cesse d'être dièsé, on rentre en *ut,* puisque toutes les notes redeviennent naturelles.

14. Pour jouer en *fa,* il faut faire le *si* ♭, afin qu'il n'y ait qu'un demi-ton du troisième au quatrième degré, c'est-à-dire de *la* à *si.*

Les sept bémols sont *si, mi, la, ré, sol, ut, fa.* On trouve en quel ton on est avec un certain nombre de bémols à la clef, en prenant une quarte au-dessous du dernier. Par exemple, avec un ♭, qui est *si,* on est en *fa ;* avec deux bémols, *si, mi,* on est en *si* ♭. Remarquez que, quand il y a plusieurs bémols à la clef, l'avant-dernier est la tonique.

Lorsque dans un plain-chant en *ut* le *si* devient accidentellement ♭, il y a une modulation en *fa ;* mais on rentre en *ut* dès que le *si* redevient naturel.

15. Il est important de bien comprendre les changements de ton auxquels donnent lieu les notes précédées de signes accidentels. Ces signes ont pour effet d'amener ou de supprimer soit un ♯ soit un ♭, et font moduler passagèrement dans les mêmes tons que s'il y avait à la clef un ♯ ou un ♭ de plus ou de moins. Montrons ceci par de nouveaux exemples.

16. Lorsqu'on est en *ré,* avec le *fa* et l'*ut* ♯ à la clef, si le *sol* devient ♯, on module en *la,* comme si la clef était armée de trois ♯ ; mais si le *sol* redevient naturel, on rentre en *ré,* puisqu'il ne reste plus que les deux ♯ *fa, ut.*

17. Si quand on est en *ré* l'*ut* devient ♮, on module en *sol*, puisqu'il n'y a plus d'autre dièse que le *fa*; mais on retourne en *ré* quand l'*ut* redevient ♯.

en ré.   en sol.   en ré.

EXEMPLE : 

18. En *si* ♭, il y a deux bémols à la clef : *si*, *mi*; il y en a trois en *mi* ♭ : *si*, *mi*, *la*. Quand on est en *si* ♭, le *la* ♭ accidentel conduit en *mi* ♭; et le *la* ♮ ramène en *si* ♭; le *mi* ♮ conduit en *fa*, puisqu'il n'y a plus d'autre bémol que le *si*; enfin, le *mi* ♭ fait rentrer en *si* ♭.

en si ♭.   en mi ♭.   en si ♭.   en fa.   en si ♭.

EXEMPLE : 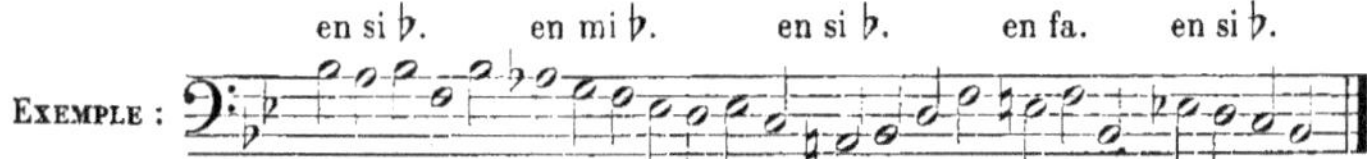

19. Remarquez qu'une note altérée en montant, soit par un ♯ devant la note naturelle, soit par un ♮ au lieu d'un ♭, devient note sensible. Ainsi, vers la fin de l'exemple précédent, le *mi*, qui est bémol à la clef, est devenu au moyen du ♮ note sensible du ton de *fa*.

20. Une note altérée en descendant, soit par l'effet d'un ♮ devant une note ♯, ou d'un ♭ devant une note naturelle, devient la quatrième note du ton. En effet, le *la* bémol qui se trouve au commencement de l'exemple ci-dessus, est le quatrième degré de la gamme de *mi* bémol.

21. La différence la plus caractéristique entre le mode majeur et le mode mineur est dans la troisième note du ton. Il y a en *ut* majeur deux tons, c'est-à-dire une tierce majeure, de la tonique au troisième degré, d'*ut* à *mi*.

Les intervalles se comptent en procédant diatoniquement, ou, ce qui signifie la même chose, par degrés conjoints. Les deux tons d'*ut* à *mi* se trouvent ainsi : d'*ut* à *ré* un ton, de *ré* à *mi* un ton, ce qui fait deux tons. On procède de même pour les autres intervalles : par exemple, il y a une quinte d'*ut* à *sol* en montant. On trouve le nombre de tons et de demi-tons qui entrent dans cet intervalle, en disant : D'*ut* à *ré* un ton, de *ré* à *mi* un ton, de *mi* à *fa* un demi-ton, de *fa* à *sol* un ton, en tout trois tons et un demi-ton, ce qui forme une quinte juste.

En *ut* mineur, le *mi* est ♭; il n'y a par conséquent dans ce mode qu'une tierce mineure, un ton et un demi-ton, de la tonique au troisième degré. La note sensible est la même dans les deux modes.

Phrase en   *ut* majeur.   La même en   *ut* mineur. 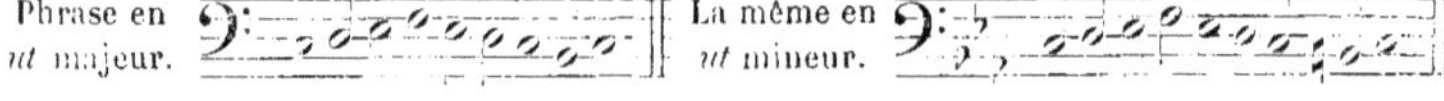

Le mode mineur est encore indiqué par le sixième degré de la gamme, quand il
ne se trouve qu'un demi-ton au-dessus du cinquième. Voyez *sol, la* ♭ de l'exemple
en *ut* mineur ci-après :

22. Bien qu'en *ut* mineur il y ait trois bémols à la clef, comme en *mi* ♭, ton majeur relatif, ces deux tons ne sauraient être pris l'un pour l'autre. En *mi* ♭, le *si*
est ♭, tandis qu'en *ut* mineur on fait le *si* accidentellement bécarre pour avoir la
note sensible.

23. Chaque ton majeur a un ton mineur relatif, qui est une tierce mineure au-
dessous. Le ton relatif d'*ut* majeur est donc *la* mineur. Celui de *sol* majeur est *mi*
mineur, etc. Le ton majeur et le ton mineur relatif ont les mêmes signes à la clef.
Pour faire sentir la différence qui existe entre les deux modes, je vais donner quelques exemples dans les tons les plus usités, en indiquant la note sensible de chaque
ton mineur.

Quelques-uns des exemples suivants finissent par la seconde note du ton ; les deux
derniers se terminent par la troisième.

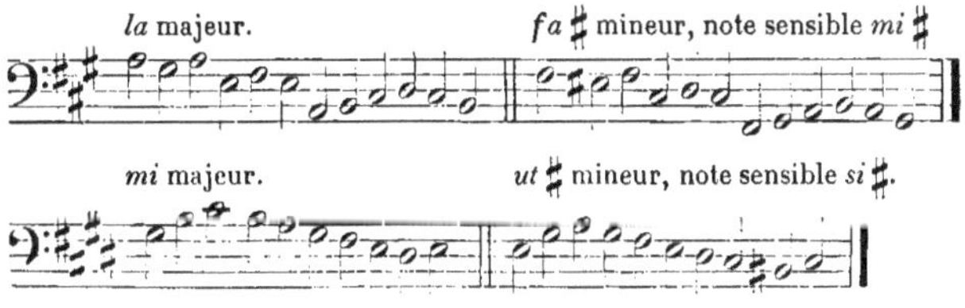

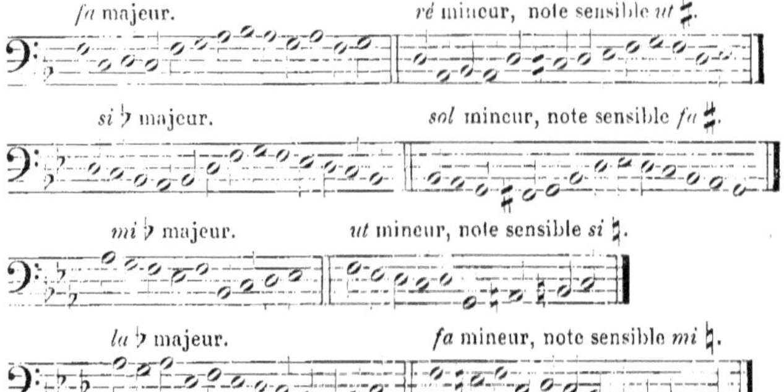

24. Les notes précédées de signes accidentels, avons-nous dit, indiquent des tons qu'il faut savoir reconnaître.

La phrase suivante est en *ré* mineur :

Car l'*ut* étant une note altérée en montant par un ♯, devient note sensible de *ré*, et le *fa* naturel, qui est la troisième note du ton, indique le mode mineur. En *ré* majeur, le *fa* serait ♯.

L'exemple suivant est en *mi* mineur :

Il y a ici deux notes altérées en montant, le *fa* ♯ et le *ré* ♯. Ce dernier dièse étant le dièse le plus avancé dans l'ordre de la série des dièses, devient note sensible. Nous sommes donc en *mi* mineur. Ce mode est annoncé par la troisième note du ton, *sol* naturel, tandis que cette note serait ♯ en *mi* majeur.

25. Il y a des phrases qui sont évidemment dans le mode mineur, quoique la note sensible n'y figure pas.

EXEMPLE : 

La première et la troisième phrase de cet exemple sont en *la* mineur, car elles finissent par cette tonique. La deuxième est en *ut* majeur, puisque toutes les notes sont naturelles, et que le *sol* serait ♯ si on était en *la* mineur.

26. On rencontre souvent dans le plain-chant de petits groupes dont les notes peuvent être considérées comme appartenant à différents tons.

Exemple :

Ces notes sont, dans le ton d'*ut*, le troisième, le quatrième et le cinquième degré ; en *fa*, ces notes sont le septième degré, la tonique et la seconde note du ton ; enfin, en *ré* mineur, la seconde, la troisième et la quatrième note de la gamme. Mais on ne peut faire entendre ces diverses tonalités que par la manière dont on accompagne chaque note. On trouvera dans la suite de nombreux exemples de cas semblables.

PREMIÈRE PARTIE

DU PLAIN-CHANT MIS A LA BASSE

Le plain-chant mis à la basse peut être convenablement accompagné au moyen de deux accords, qui sont l'accord parfait et l'accord de sixte.

L'accord parfait est composé d'une note à la basse, de sa tierce et de sa quinte. Ainsi, l'accord parfait de *fa* est *fa, la, ut*. Dans cet ouvrage, les accords parfaits seront désignés par un 3 ; ce chiffre indiquera, par conséquent, que les autres notes de l'accord sont la tierce et la quinte de la note au-dessus de laquelle il sera placé.

Exemple :

On voit par l'exemple qu'on vient de lire que chaque note de l'accord est susceptible d'être placée à la partie supérieure, et ensuite que l'on peut supprimer la quinte de l'accord parfait, et remplacer cette note par l'octave de la basse, comme nous l'avons fait dans le troisième et le quatrième accord, où nous avons mis un *fa* au lieu de la quinte *ut*.

L'accord de sixte se compose d'une note à la basse, de la tierce et de la sixte. Ainsi, un accord de sixte sur un *fa* est *fa, la, ré*. Nous désignerons l'accord de sixte par 6. Ce chiffre signifiera donc que, pour compléter les notes de l'accord, il faut ajouter la tierce et la sixte de celle qui est à la basse.

Exemple :

RÈGLE SUR L'ACCOMPAGNEMENT DU PLAIN-CHANT MIS A LA BASSE.

Pour accompagner le plain-chant mis à la basse, il faut faire l'accord parfait sur la tonique et le cinquième degré; sur les autres notes, on peut faire un accord de sixte; c'est pourquoi dans les exemples suivants, qui sont en *ré*, le *ré* et le *la* se trouvent chiffrés par 3, et les autres notes par 6. On doit, pour bien comprendre les exemples, commencer par jouer la basse sans l'accompagnement; de cette manière, on remarque mieux le ton où l'on est, le degré que chaque note occupe dans la gamme, les différentes tournures de phrases, et les modulations passagères quand il y en a (1).

1er Exercice.

Chant du sixième ton pour les Psaumes.

Avant d'aller plus loin, j'engage le lecteur à accompagner la basse des deux modèles qu'on vient d'analyser, et que je vais reproduire.

Il faut retrouver le même accompagnement, ne faire par conséquent que deux notes à la main droite, et recommencer jusqu'à ce que l'on puisse accompagner ces basses sans hésitation.

On étudiera les pages suivantes de la même manière.

Basse du premier exercice. 

(1) Les exemples portant le titre d'exercice doivent être appris par cœur et étudiés dans tous les tons.

Chant du sixième ton pour les Psaumes.

Voici le premier exercice, qui est en *ré*, avec un accord parfait au lieu d'un accord de sixte sur le quatrième degré, *sol*, en montant; car la quatrième note du ton se chiffre indifféremment par 3 ou par 6, excepté quand elle vient après la cinquième, *la, sol*; alors il faut toujours mettre 6 sur le quatrième degré. Voyez le *sol* de l'exemple suivant :

1ᵉʳ Exercice (*bis*).

Une condition essentielle de toute bonne harmonie, c'est qu'il n'y ait jamais deux quintes ou deux octaves de suite entre les mêmes parties, par exemple entre la basse et la partie supérieure : toutefois on peut faire deux quintes de suite, pourvu que la seconde soit diminuée.

Exemple :

Le premier exemple est fautif, car il y a deux quintes de suite entre la basse et la première partie, de *sol* à *ré* et de *la* à *mi*.

Le second exemple est correct; en effet, il y a entre les mêmes parties d'abord une quinte de *sol* à *ré*, mais ensuite une tierce de *la* à *ut*.

Le troisième exemple est incorrect, puisqu'il y a deux octaves consécutives entre la basse et la partie supérieure, de *ré* à *ré* et d'*ut* à *ut*.

Le quatrième exemple est bon, car il y a entre les mêmes parties octave de *ré* à *ré*, puis tierce d'*ut* à *mi*.

(1) Cet exemple est correct, parce que la seconde quinte, *ut* ♯ *sol*, est diminuée. L'intervalle de quinte juste comprend trois tons et un demi-ton, comme d'*ut* à *sol*; celui de quinte diminuée renferme deux tons et deux demi tons, comme d'*ut* ♯ à *sol*.

Autre chant du sixième ton pour les Psaumes.

Autre chant du sixième ton pour les Psaumes.

Basse
à accompagner.

2ᵉ Exercice.

L'accord de sixte. *si*, *ré*, *sol* ♯, placé dans cet exercice sur la sixième note du ton de *ré*, produit une courte modulation en *la*, c'est-à-dire dans le ton du cinquième degré; cette modulation, qui est d'un très-bon effet, peut avoir lieu toutes les fois que le sixième degré est suivi du cinquième; mais elle n'est pas absolument nécessaire, de sorte que sur le *si* on pourrait faire le *sol* naturel. Dans l'accord parfait de *la*, qui vient après le *si*, j'ai écrit *la*, *ut* à la clef de *sol*, au lieu de *mi*, *ut* que je mets ordinairement, parce que le *sol* ♯, note sensible du ton de *la*, demande à monter sur la tonique.

Dans ce même exemple j'ai chiffré l'*ut*, septième note du ton de *ré*, par 3; j'aurais pu également le chiffrer par 6, car on a vu que toutes les notes de la gamme comportent l'accord de sixte, à l'exception de la tonique et du cinquième degré.

L'exemple qui précède pourrait donc se terminer comme il suit :

Chant du cinquième ton pour les Psaumes.

Chant du cinquième ton pour les Psaumes.

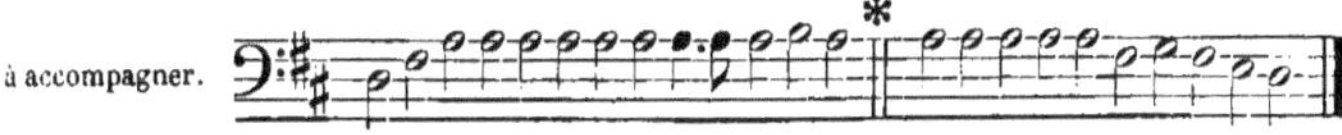

AVE VERUM DU SIXIÈME MODE

D'APRÈS LE CHANT GRÉGORIEN RESTAURÉ.

(*Edition* Adrien Le Clere.)

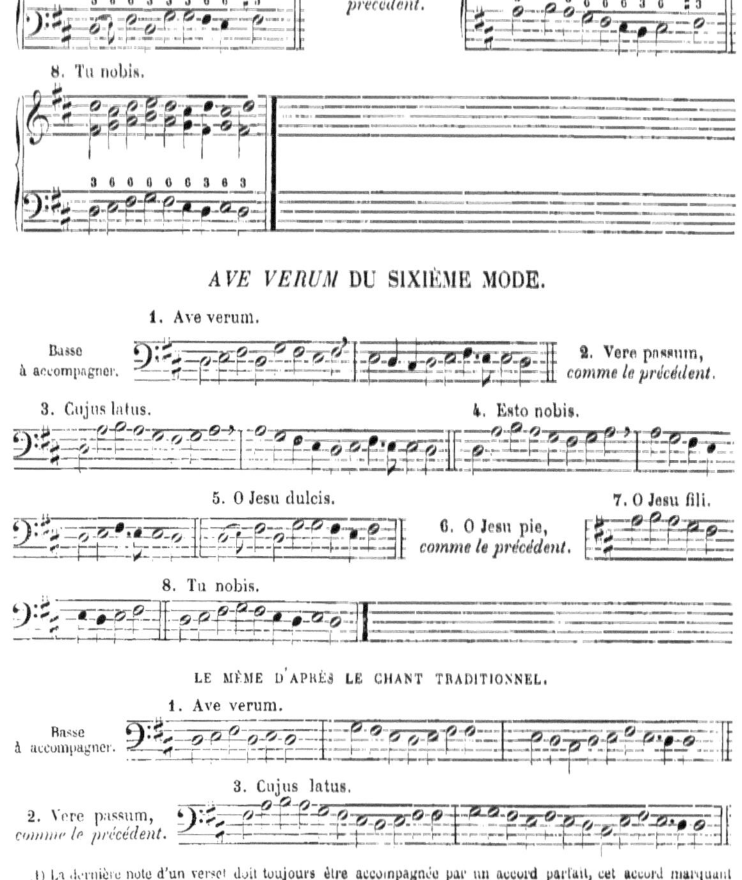

AVE VERUM DU SIXIÈME MODE.

LE MÊME D'APRÈS LE CHANT TRADITIONNEL.

(1) La dernière note d'un verset doit toujours être accompagnée par un accord parfait, cet accord marquant mieux le repos qu'un accord de sixte.

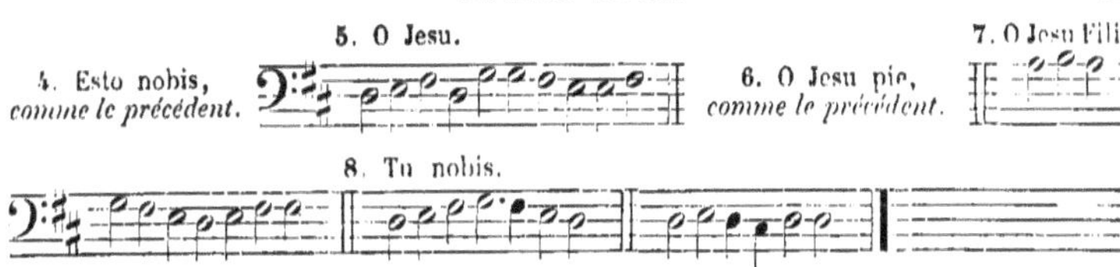

Les différences qui existent entre les deux versions de ce chant ne modifient en rien l'application des règles que nous avons données : les autres morceaux de plain-chant sont dans le même cas; de sorte que si l'on veut accompagner l'*Ave verum* ou tout autre plain-chant d'après une édition quelconque, on obtiendra toujours une harmonie correcte en accompagnant chaque note d'après le degré qu'elle occupe dans la gamme. On voit par là que ce livre permet d'étudier l'accompagnement du plain-chant pour quelque version de chant que ce soit. Il eût été tout à fait inutile de prendre les exemples dans un grand nombre d'éditions différentes. Nous ne nous sommes pas proposé d'établir la supériorité de l'une d'elles sur les autres : mais nous nous sommes attaché à observer, dans la suite des exemples, la gradation nécessaire à un bon enseignement. Les exemples tirés du plain-chant romain traditionnel seront désormais placés à la fin de l'ouvrage ; on les étudiera de la même manière que les autres exemples.

INVIOLATA DU SIXIÈME MODE

Les quatre premiers versets de l'*Inviolata* finissent par l'accord parfait de *fa*, que j'ai terminé à la partie supérieure par la tierce *la* ♯, cet intervalle produisant plus d'harmonie que la quinte. D'ailleurs, si j'avais mis *l'ut* en haut, l'harmonie eût été moins douce.

EXEMPLE : 

Cet exemple est dur, parce que la seconde partie franchit un intervalle de seconde augmentée de *sol* à *la* ♯. Une seconde augmentée comprend un ton et demi. L'harmonie est d'autant meilleure qu'on évite de faire franchir à la même partie des intervalles augmentés ou diminués ; le septième verset finit aussi par l'accord parfait de *fa*, qu'on pourrait terminer par *la* ♯, *do* à la main droite,

parce qu'ici cette disposition de l'accord parfait est amenée de manière à ne pas
choquer l'oreille.

EXEMPLE :

INVIOLATA DU SIXIÈME MODE.

ADORO TE DEVOTE DU CINQUIÈME MODE.

Le passage de cette hymne où la basse descend diatoniquement jusqu'au *mi*, *sol*, *fa* ♯, *mi*, et pour lequel on vient de voir un premier accompagnement, est susceptible d'une modulation en *mi* mineur. En effet, ces trois notes peuvent être considérées comme troisième, seconde et première note de ce ton. Cette modulation s'effectue en faisant entendre sur le *fa*, deuxième degré de la gamme de *mi*, le *ré* ♯, qui en est la note sensible.

EXEMPLE : 

Lorsque la basse fait une suite de notes diatoniques en descendant, on peut donc, comme on vient de le voir, moduler passagèrement dans le ton de la dernière note.

ADORO TE DEVOTE DU CINQUIÈME MODE.

Basse
à accompagner.

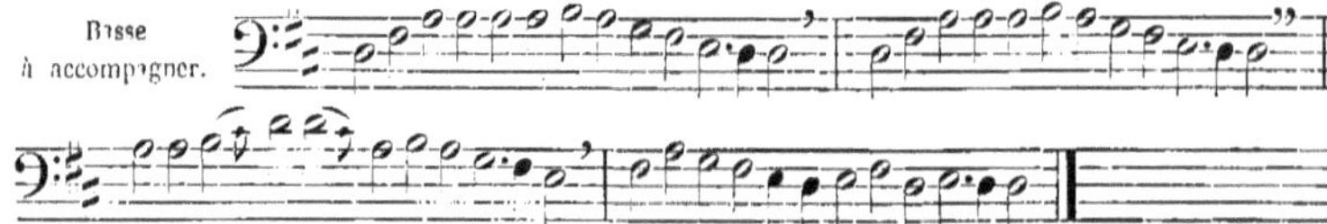

AVE REGINA DU SIXIÈME MODE.

1. Ave Regina.   **2.** Ave Domina.

3. Salve radix.

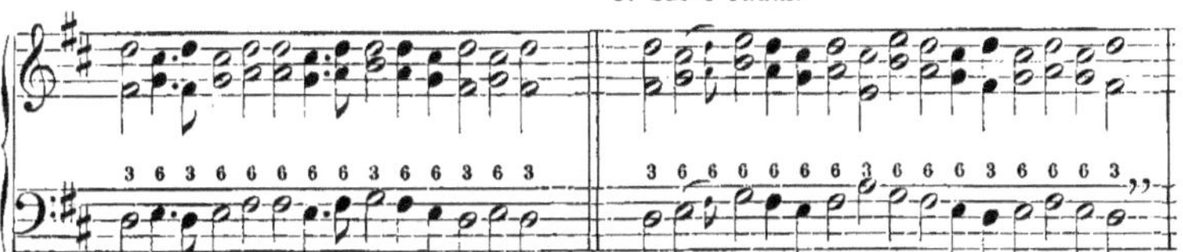

4. Gaude Virgo.

5. Vale.

(1) Le sixième degré suivi de la tonique *si, ré,* se chiffre comme ici, plutôt par 6 que par 3.

AVE REGINA DU SIXIÈME MODE.

OBSERVATION. — Lorsque la basse franchit un intervalle de quarte ou de quinte, on fait le plus souvent l'accord parfait sur les deux notes entre lesquelles le saut a lieu. Voyez *mi*, *la* de l'exemple suivant, qui est en *ré*. Cependant, si l'une des deux notes se trouve être le troisième degré de la gamme, on la chiffre par 6 comme à l'ordinaire. Voyez *si*, *fa*.

Si après le second degré on saute d'une tierce en montant ou en descendant, on peut le chiffrer par 3 ou par 6.

Ou en modulant
en *sol.*

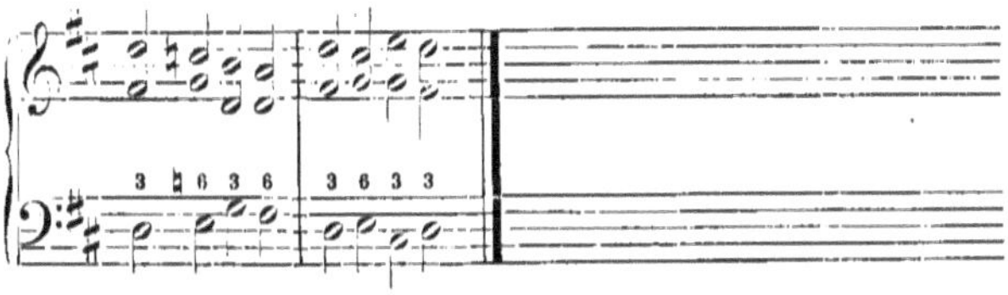

REGINA CŒLI DU SIXIÈME MODE.

REGINA CŒLI DU SIXIÈME MODE.

Maintenant qu'on a acquis un peu d'habitude, on fera bien de commencer à accompagner les plains-chants placés à la fin de la troisième partie, et qui sont notés comme dans les livres d'office.

Avant de passer à d'autres plains-chants, nous allons, pour nous habituer au ton d'*ut*, transposer dans ce ton les exercices et la mélodie des principaux plains-chants que nous avons déjà vus.

L'accord parfait est de rigueur sur la tonique *ut*, et sur le cinquième degré *sol*.

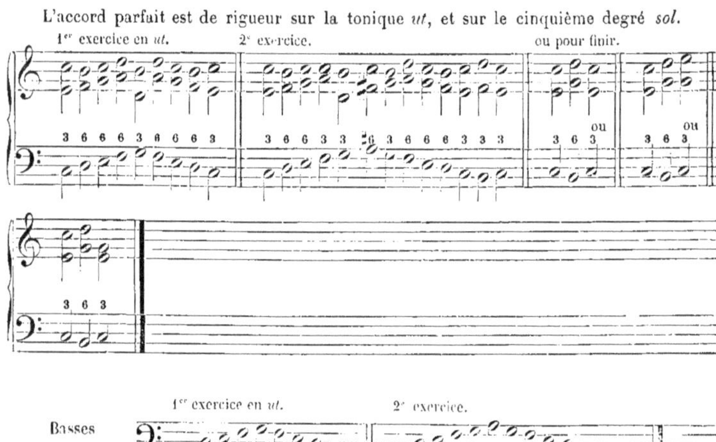

FRAGMENT DE L'AVE VERUM.   FRAGMENT DE L'INVIOLATA.

Si l'on est embarrassé pour accompagner les plains-chants suivants, qui sont en *ut*, on transposera dans ce ton l'accompagnement de ces mêmes plains-chants que nous avons vu plus haut.

AVE VERUM.

INVIOLATA.

8. Nobis concedas.   9. O benigna (3 *fois*).   Quæ sola (*dernier verset*).

ADORO TE DEVOTE DU CINQUIÈME MODE.

AVE REGINA DU SIXIÈME MODE.

1. Ave Regina.   2. Ave Domina.

3. Salve radix.

4. Gaude Virgo.

5. Vale.

REGINA CŒLI DU SIXIÈME MODE.

ALMA DU CINQUIÈME MODE.

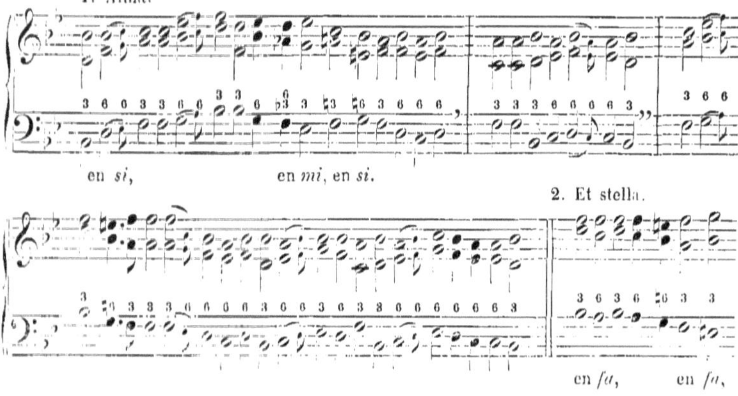

en si.
3. Tu quæ.
4. Virgo.
5. Gabrielis.

ALMA DU CINQUIÈME MODE.

Basses à accompagner.

1. Alma.

ALMA TRANSPOSÉ.

1. Alma.

2. Et stella.

3. Tu quæ.

La fin peut s'accompagner
comme il suit :

HYMNE *DEUS TUORUM MILITUM* DU HUITIÈME MODE.

HYMNE *DEUS TUORUM MILITUM* DU HUITIÈME MODE.

Basses
à accompagner.

HYMNE *DEUS TUORUM MILITUM* TRANSPOSÉE.

Rappelons ici qu'on doit se rendre compte des modulations passagères que renferme une pièce de plain-chant, et accompagner chaque note d'après le degré qu'elle occupe dans le ton auquel elle semble appartenir. C'est là tout le secret pour bien harmoniser le plain-chant.

HYMNE *VERBUM SUPERNUM* DU HUITIÈME MODE.

A la fin de la phrase, j'ai écrit la note sensible *ut* ♯ comme on le fait presque toujours, parce que sans cela la mélodie du plain-chant serait trop dure; si l'on ne veut pas faire la note sensible, on accompagnera l'*ut* naturel avec le même accord que l'*ut* ♯, car on peut à volonté chiffrer la septième note de la gamme par 3 ou par 6, qu'elle soit note sensible ou non.

HYMNE *VERBUM SUPERNUM* DU HUITIÈME MODE.

Basses à accompagner.

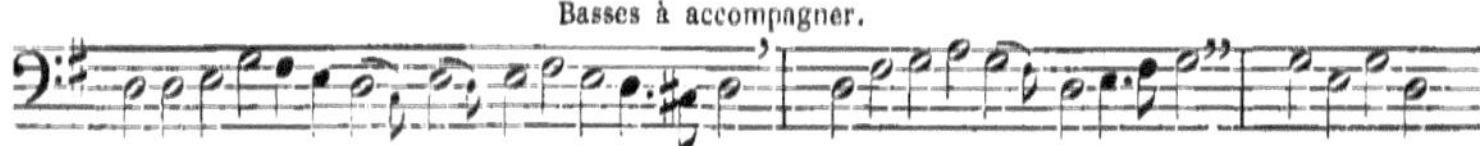

HYMNE *VERBUM SUPERNUM* TRANSPOSÉE.

HYMNE *VENI CREATOR* DU HUITIÈME MODE.

HYMNE *VENI CREATOR* DU HUITIÈME MODE.

Basses à accompagner.

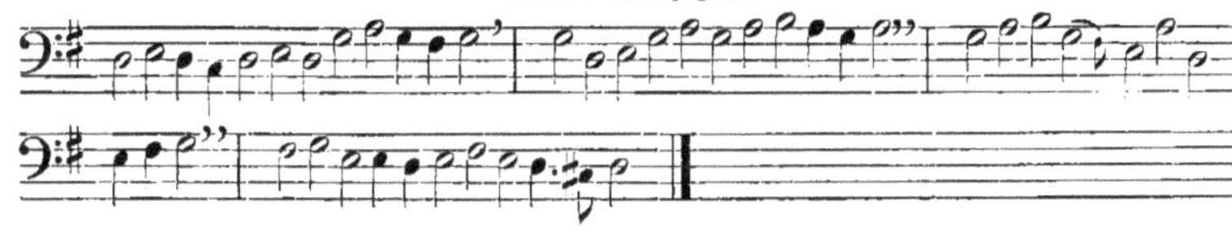

HYMNE *VENI CREATOR* TRANSPOSÉE.

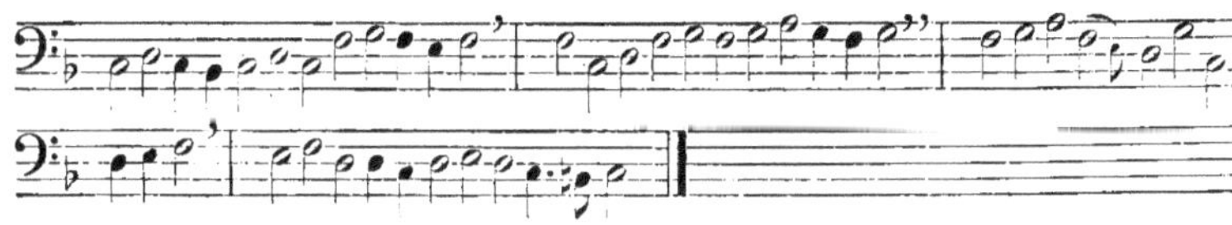

HYMNE *PANGE LINGUA* DU TROISIÈME MODE.

L'harmonie serait également bonne si l'on faisait le *sol* naturel sur les deux *si* qui commencent cette hymne ; mais le *sol* dièse est de rigueur sur le *si* qui vient après l'*ut*, pour déterminer la modulation passagère en *la* mineur.

HYMNE *PANGE LINGUA* DU TROISIÈME MODE.

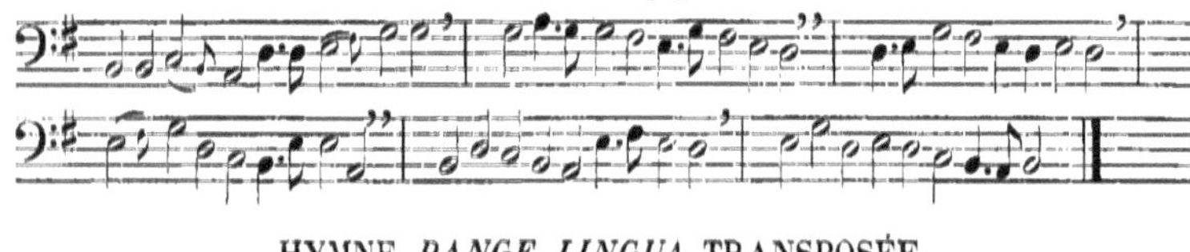

HYMNE *PANGE LINGUA* TRANSPOSÉE.

HYMNE *BEATA NOBIS GAUDIA* DU PREMIER MODE.

HYMNE *BEATA NOBIS GAUDIA.*

HYMNE *BEATA NOBIS GAUDIA* TRANSPOSÉE.

HYMNE *TE LUCIS* DU QUATRIÈME MODE.

2ᵉ accompagnement
avec une
sixte augmentée
pour finir.

HYMNE *TE LUCIS.*

Basses
à accompagner.

HYMNE *TE LUCIS* TRANSPOSÉE.

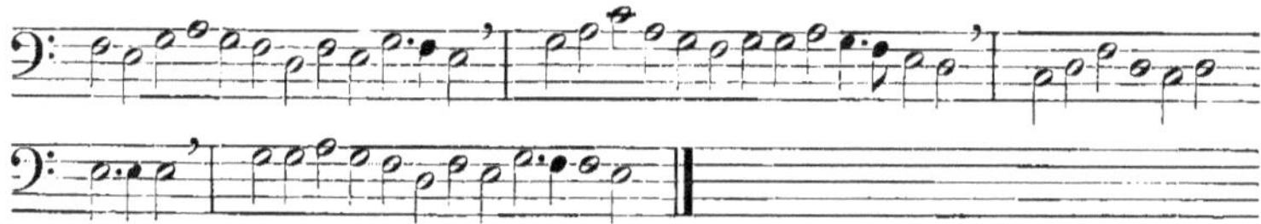

Dans les endroits où la mélodie semble être dans le mode mineur, on chiffre, comme je l'ai toujours fait, les différents degrés de la gamme de la même manière que dans le mode majeur.

Cependant le cinquième degré de la gamme mineure comporte non-seulement l'accord parfait, mais aussi l'accord de sixte, surtout s'il n'est pas suivi de la tonique.

1er exercice en *mi* mineur avec l'accord parfait sur le 5e degré.

Le même avec l'accord de sixte sur le 5e degré.

EXEMPLE :

ou sans la note sensible.

1er exercice en *ré* mineur, avec l'accord parfait sur le 5e degré.

Le même, avec l'accord de sixte sur sur le 5e degré.

ou sans la note sensible.

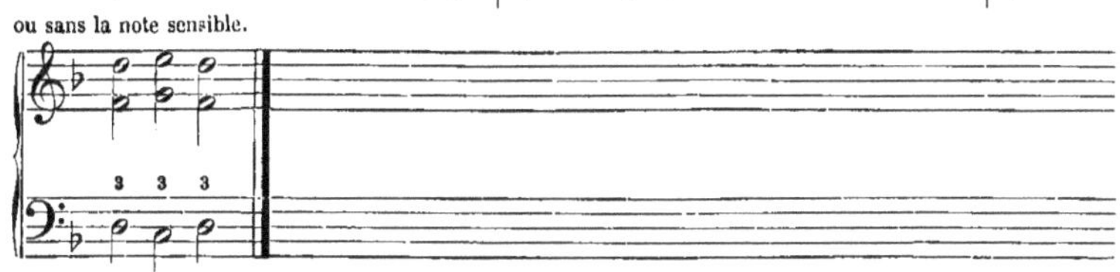

Basses à accompagner.

1er exercice en *mi* mineur.

Le même en *ré* mineur.

Dans les livres liturgiques, la plupart des plains-chants sont, pour la commodité des chantres, écrits en *ut*, c'est-à-dire sans accident à la clef.

Si l'on exécute un plain-chant du premier ou du deuxième ton, comme il est marqué dans ces livres, bien qu'écrit en *ut*, ce chant semblera, pour l'oreille, être en *ré* mineur, surtout si l'on fait l'*ut* ♯ comme note sensible à la fin des phrases.

Le chant qui suit est un deuxième ton monté d'un degré. Au lieu d'être écrit en *ut*, il se trouve en *ré*; c'est pourquoi il y a deux ♯ à la clef, et l'effet n'est plus en *ré* mineur, mais en *mi* mineur. C'est dans ce dernier ton qu'il faut l'accompagner. Si au contraire on avait baissé ce chant d'un degré, il paraîtrait en *ut* mineur; seulement il n'y aurait que deux ♭ à la clef, parce qu'au lieu d'être écrit en *ut*, il le serait en *si* ♭. On voit que pour savoir en quel ton il faut harmoniser un plain-chant, on ne doit pas s'en rapporter à l'armure de la clef, mais à l'impression qu'il laisse pour l'oreille quand on l'exécute.

HYMNE *UT QUEANT LAXIS* DU DEUXIÈME MODE.

HYMNE *UT QUEANT LAXIS*.

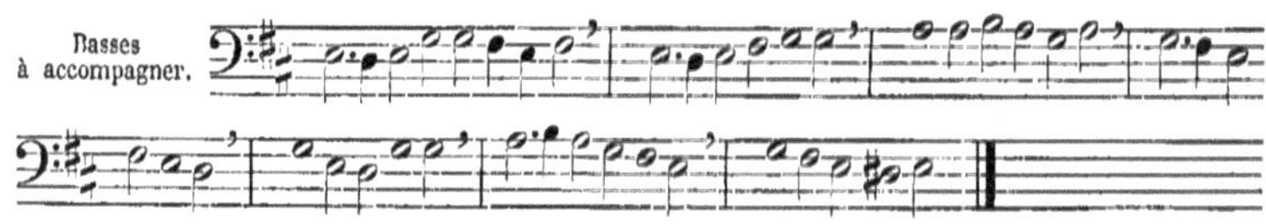

HYMNE *UT QUEANT LAXIS* TRANSPOSÉE.

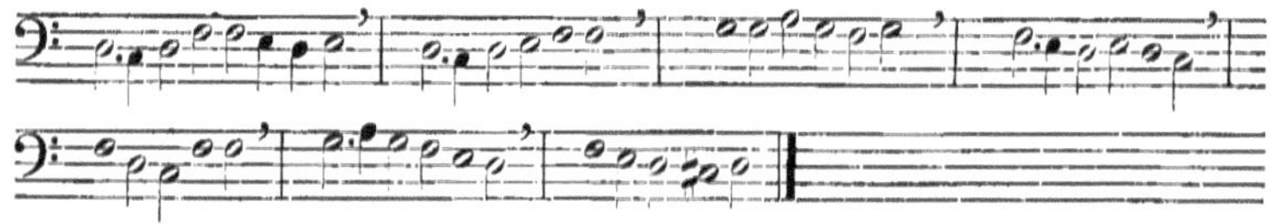

HYMNE *VEXILLA REGIS* DU PREMIER MODE.

HYMNE *VEXILLA REGIS* DU PREMIER MODE.

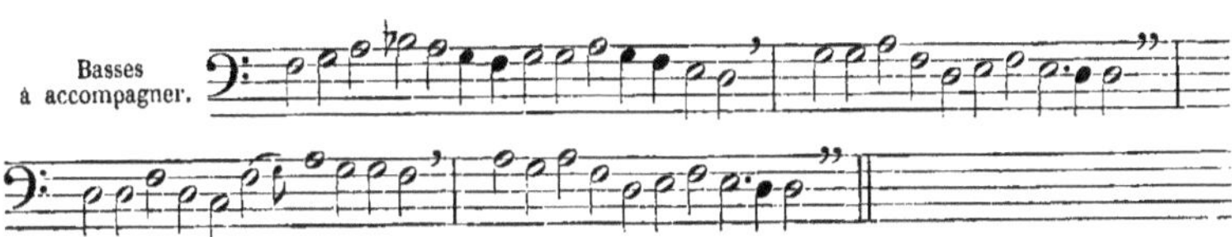

HYMNE *VEXILLA REGIS* TRANSPOSÉE.

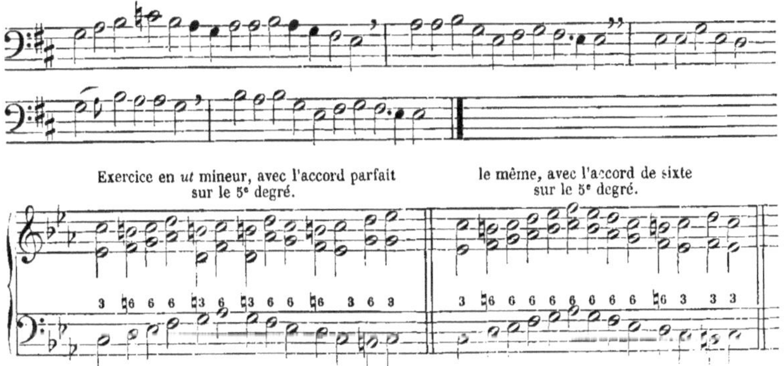

HYMNE *SALVETE FLORES MARTYRUM* DU PREMIER MODE.

HYMNE *SALVETE FLORES MARTYRUM.*

HYMNE *SALVETE FLORES MARTYRUM* TRANSPOSÉE.

HYMNE *SACRIS SOLEMNIIS* DU PREMIER MODE.

HYMNE *SACRIS SOLEMNIIS.*

HYMNE *SACRIS SOLEMNIIS* TRANSPOSÉE.

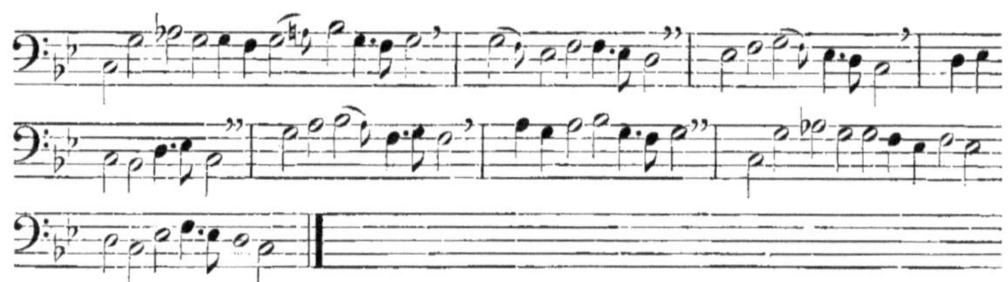

HYMNE *A SOLIS ORTUS CARDINE* DU QUATRIÈME MODE.

HYMNE *A SOLIS ORTUS CARDINE.*

HYMNE *A SOLIS ORTUS CARDINE* TRANSPOSÉE.

HYMNE *AVE MARIS STELLA* DU PREMIER MODE.

Ce deuxième accompagnement donne lieu à une fausse relation.

On dit qu'il y a fausse relation d'octave quand une partie fait une note, et qu'une autre partie reprend immédiatement après la même note altérée, comme dans l'accord d'*ut*, où la basse fait l'*ut* naturel et la première partie l'*ut* dièse dans l'accord suivant.

On doit éviter autant que possible les fausses relations, parce qu'elles produisent un mauvais effet; mais dans le passage dont il s'agit, l'*ut* dièse est nécessaire si l'on veut revenir en *ré* immédiatement après l'*ut* de la basse.

HYMNE *AVE MARIS STELLA.*

HYMNE *AVE MARIS STELLA* TRANSPOSÉE.

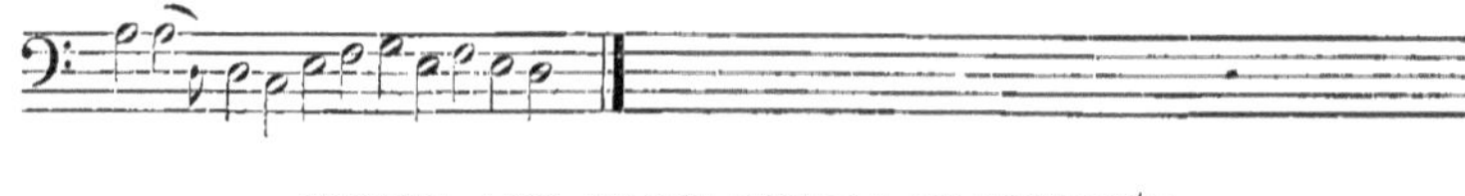

SALVE REGINA DU PREMIER MODE.

1. Salve Regina.

2. Vita dulcedo.

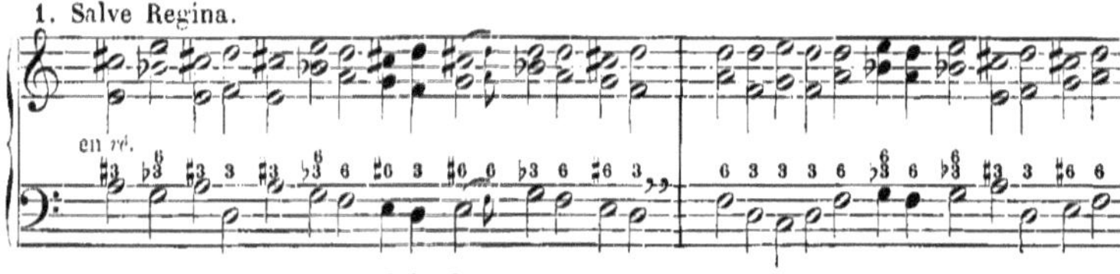

3. Ad te clamamus.

4. Ad te suspiramus.

5. Eia ergo

(1) Le chant de ce verset est semblable à celui du précédent ; j'ai conservé la même harmonie, mais j'ai cru utile de changer la position des accords.

9. O dulcis.

SALVE REGINA.

1. Salve Regina.

Basses
à accompagner.

7. O clemens.
8. O pia.
9. O dulcis.
SALVE REGINA TRANSPOSÉ.
1. Salve Regina.
2. Vita dulcedo.
3. Ad te clamamus.
4. Ad te suspiramus.
5. Eia ergo.
6. Et Jesum.
7. O clemens.
8. O pia.
9. O dulcis.

BENEDICAMUS DU 2 EN D POUR LES ANNUELS, CHANT PARISIEN.

BENEDICAMUS DU DEUXIÈME MODE.

LE MÈME TRANSPOSÉ.

Les plains-chants donnés en dernier lieu ont été pris parmi les plus difficiles à accompagner, et cependant, pour triompher des difficultés qu'ils présentent, il nous a suffi, pour ainsi dire, de comprendre les modulations et d'appliquer la règle de la page 14. L'observation de cette règle nous permet de faire une remarque importante relativement à la manière d'accompagner les chants du premier et du deuxième ton. Le premier ton offre le type du mode mineur dans le plain-chant. Il est, comme nous l'avons déjà dit, composé dans la gamme de *ré* avec toutes les notes naturelles. Dans les endroits où la mélodie du plain-chant ne comprend que les cinq premières notes *ré, mi, fa, sol, la*, on est en *ré* mineur.

Lorsque le chant se trouve dans les quatre dernières notes *la, si, ut, ré*, on accompagne en *la* mineur. Tel est le système de modulations que j'ai suivi toutes les fois que la mélodie du plain-chant ne semblait pas indiquer une autre tonalité.

Le deuxième ton diffère du premier en ce que les quatre notes *la, si, ut, ré*, au lieu d'être à l'aigu, sont au grave ; mais cela ne change rien à la manière de les harmoniser, comme on peut s'en convaincre par l'exemple suivant :

Exemple :

D'après ce qui précède, lorsqu'un premier ton est baissé d'un degré, il paraît en *ut* mineur.

Il faut donc accompagner dans ce ton les phrases renfermées dans les cinq premières notes *ut, ré, mi ♭, fa, sol*, et en *sol* mineur celles qui comprennent les quatre dernières notes *sol, la, si ♭, ut*. La gamme du premier ton peut s'accompagner par des accords de sixte sur toutes les notes, excepté sur la tonique, ou bien on considère les quatre premières notes comme appartenant au ton de *ré* mineur, et les quatre dernières au ton de *la* mineur.

Exemple :

(1) Je n'ai pas mis ici à l'accompagnement le *sol* ♯, note sensible du ton de *la*, parce qu'après le *si*, au lieu de rester en *la*, on retourne immédiatement en *ré*.

Il y a des morceaux du premier ton où l'on trouve le *si* marqué bémol accidentellement ou à la clef. La gamme du premier ton avec le *si* ♭ peut être accompagnée par des accords de sixte, comme la gamme ci-dessus; toute la différence est dans le *si* ♭ de la basse. Les passages où figure le *si* ♭ s'accompagnent le plus souvent en *fa*, quelquefois en *ré* mineur.

MESSE ROYALE DE DUMONT.

KYRIE DU PREMIER MODE.

KYRIE.

GLORIA DU PREMIER MODE.

(1) J'aurais pu mettre ici un accord parfait, puisque la basse saute d'une quarte, de *sol* à *ut*, mais j'ai chiffré cette dernière note par 6, pour mieux préparer la modulation en *la* mineur, ton dans lequel finit immédiatement le verset.

GLORIA DU PREMIER MODE.

Basse à accompagner.

14. Tu solus.
15. Tu solus.
16. Cum sancto.
17. Amen.

CREDO DU PREMIER MODE.

1. Patrem.
Cre- do in unum Deum.
en ré.
en fa.

2. Et in unum.
en ré.
en ré.
en la.

3. Et ex Patre.
4. Deum de Deo.
en ut.
en la.
en fa.
en ré.
en ré.

5. Genitum.
en fa.
en ré.
en ré.

6. Qui propter.

7. Et incarnatus est.

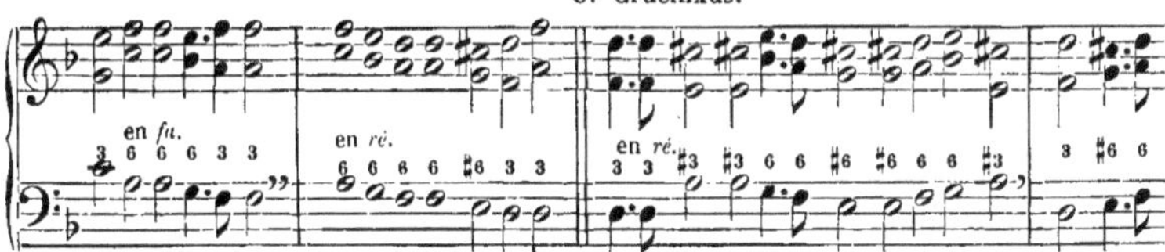

8. Crucifixus.

9. Et resurrexit.

10. Et ascendit.   11. Et iterum.

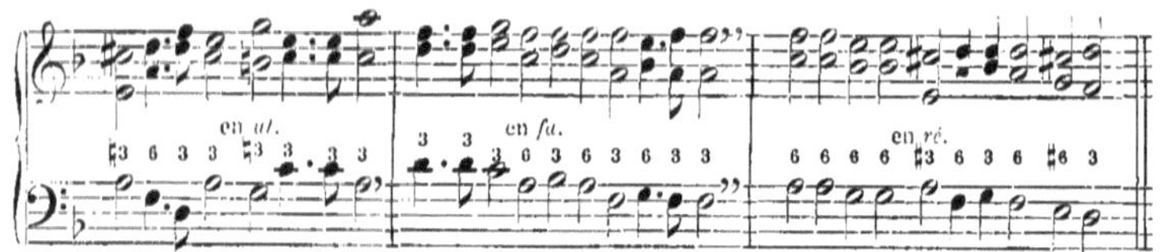

12. Et in spiritum.

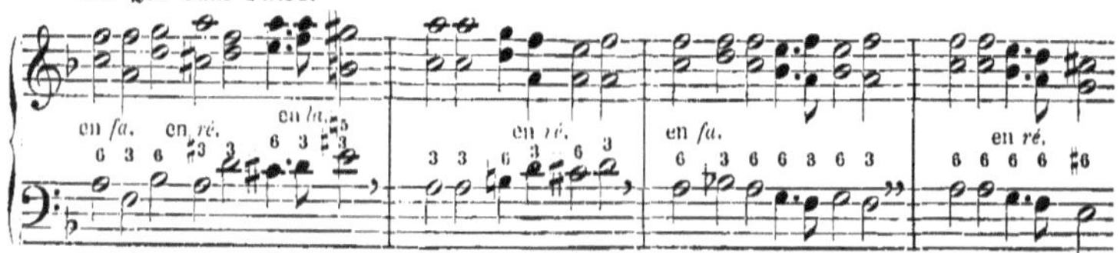

13. Qui cum Patre.

14. Et unam.   **15. Confiteor.**

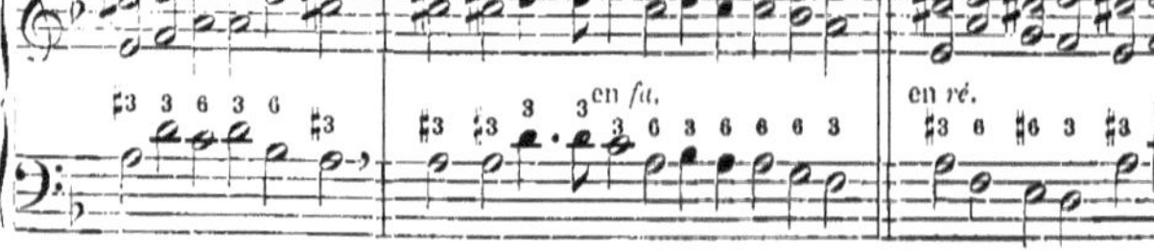

16. Et expecto.

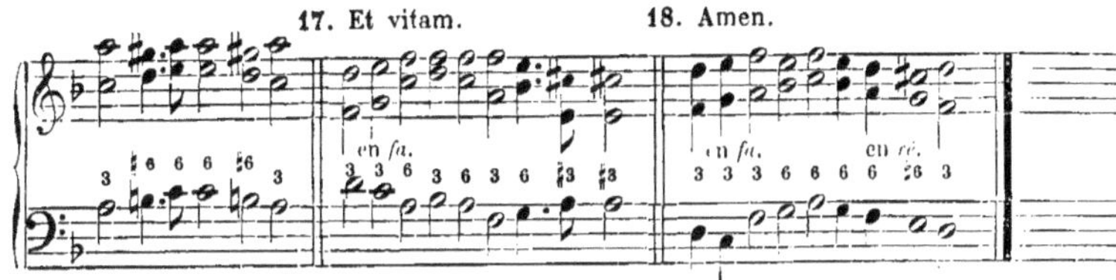

CREDO DU PREMIER MODE.

Basse à accompagner.

11. Et iterum.

12. Et in Spiritum.

13. Qui cum Patre.

14. Et unam.   **15. Confiteor.**

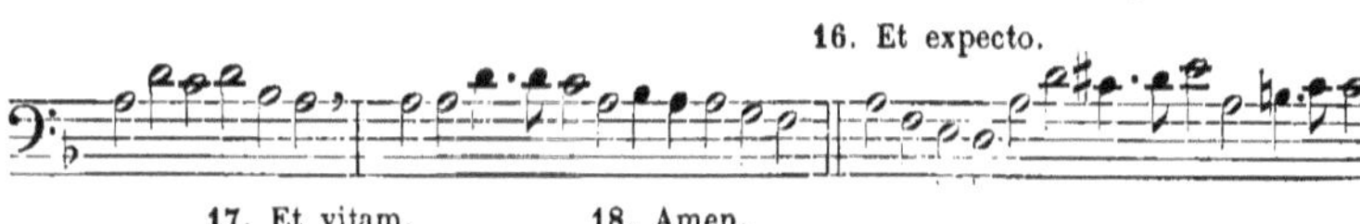

16. Et expecto.

17. Et vitam.   **18. Amen.**

SANCTUS DU PREMIER MODE.

1. Sanctus.   **2. Sanctus.**   **3. Dominus.**

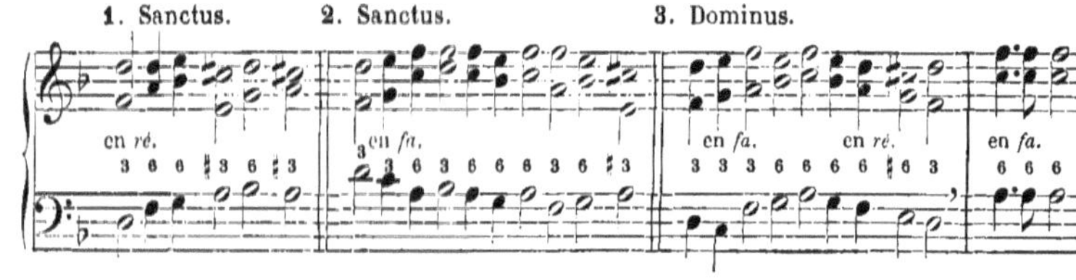

4. Pleni sunt.

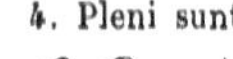

SANCTUS DU PREMIER MODE.

AGNUS DU PREMIER MODE.

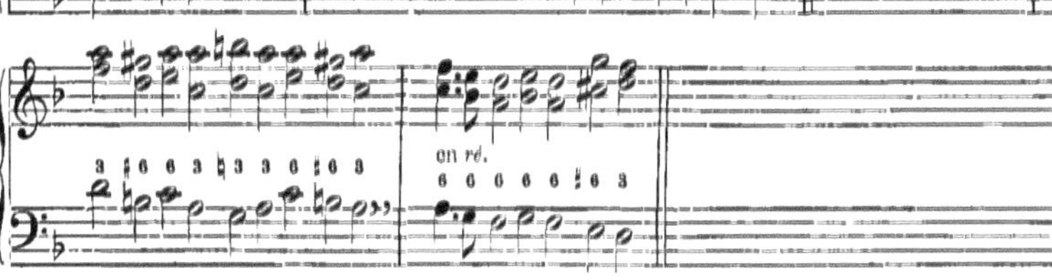

AGNUS DU PREMIER MODE.

MESSE POUR LES FÊTES DOUBLES.

KYRIE DU PREMIER MODE.

2 fois.
Kyrie.

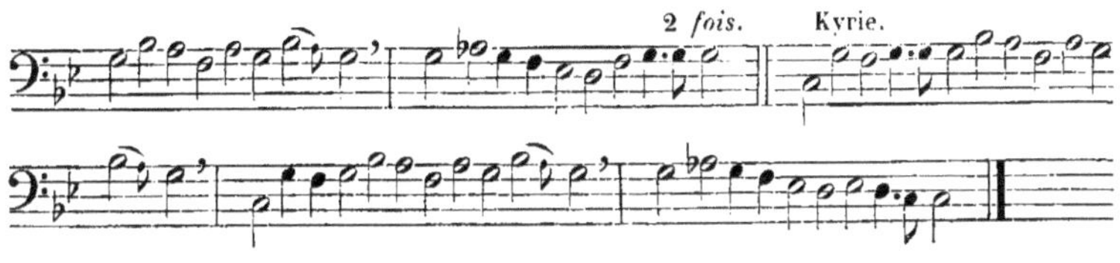

GLORIA DU QUATRIÈME MODE.

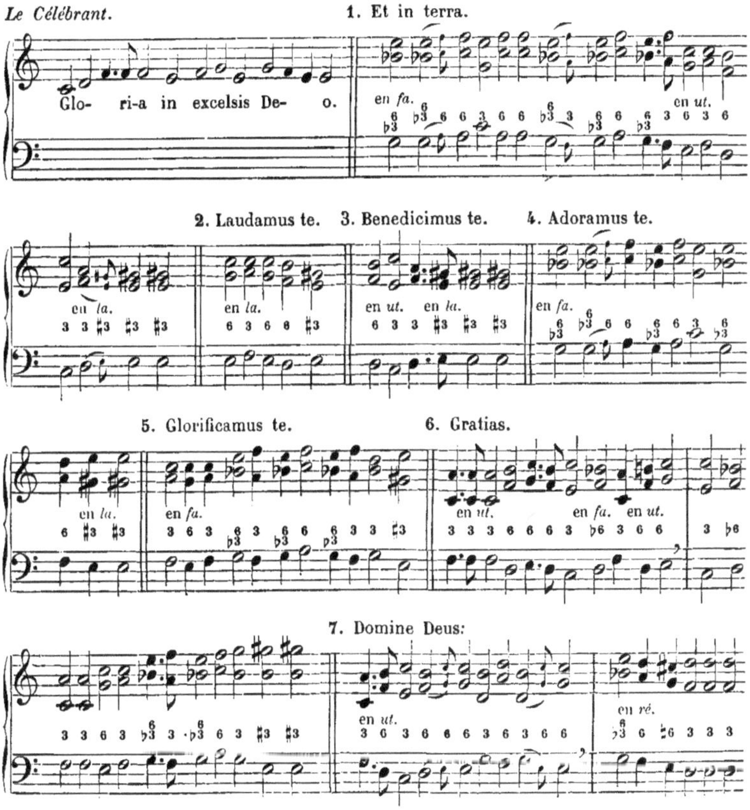
Le Célébrant.
1. Et in terra.
Glo- ri-a in excelsis De- o.
en fa.
en ut.
2. Laudamus te.
3. Benedicimus te.
4. Adoramus te.
en la.
en la.
en ut. en la.
en fa.
5. Glorificamus te.
6. Gratias.
en la.
en fa.
en ut.
en fa. en ut.
7. Domine Deus:
en ut.
en ré.

(1) Ces notes *fa, sol, la, sol, fa,* que je considère ici comme appartenant au ton d'*ut,* peuvent aussi être parfaitement traitées en *fa,* comme je l'ai fait dans le verset suivant.

14. Tu solus Dominus.
15. Tu solus Altissimus.
en fa. en ré.
en ut. en ut. en ré.
16. Cum sancto.
en fa.
en ré. en ut.
en fa.
17. Amen.
en ut.
en fa.
GLORIA.
Le Célébrant.
1. Et in terra.
Basse à accompagner.
Glo- ri-a in excelsis De- o.
2. Laudamus te. 3. Benedicimus te. 4. Adoramus te.
5. Glorificamus te. 6. Gratias.
7. Domine Deus.

SANCTUS DU HUITIÈME MODE.

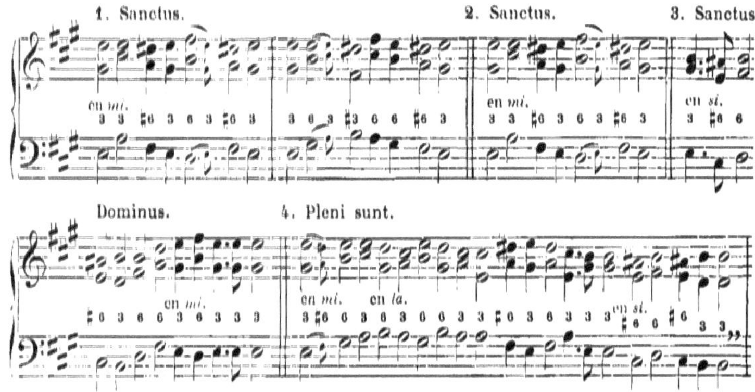

5. Benedictus.

SANCTUS DU HUITIÈME MODE.

Dans le morceau suivant, notamment à la fin du premier *Agnus*, j'ai cru utile, comme je l'ai déjà fait, de sortir de la position habituelle.

AGNUS DU SIXIÈME MODE.

AGNUS DU SIXIÈME MODE.

MESSE POUR LES FÊTES DE LA SAINTE VIERGE.

KYRIE DU TROISIÈME MODE.

KYRIE DU TROISIÈME MODE.

GLORIA DU SEPTIÈME MODE.

6. Gratias agimus.

(1) Au lieu de moduler en *fa*, on pourrait considérer les notes *si, la, sol, fa, sol* comme appartenant au ton de *sol*, ainsi que je l'ai fait pour le même passage qui se trouve au milieu du douzième verset.

GLORIA DU SEPTIÈME MODE.

SANCTUS DU CINQUIÈME MODE.

SANCTUS DU CINQUIÈME MODE.

AGNUS DU CINQUIÈME MODE.

AGNUS DU CINQUIÈME MODE.

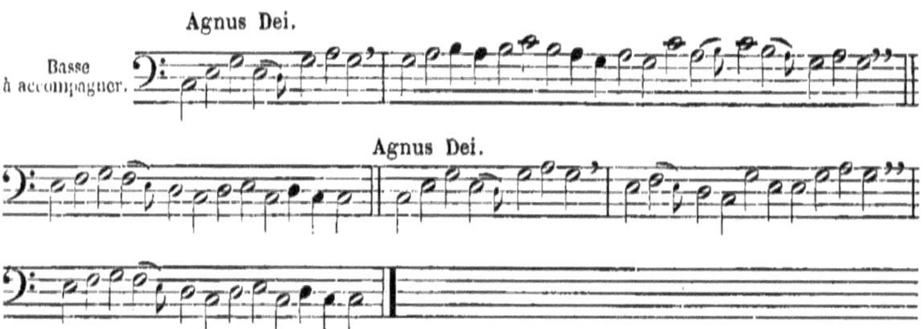

DEUXIÈME PARTIE

DU PLAIN-CHANT MIS A LA PARTIE SUPÉRIEURE

Lorsqu'on veut mettre le plain-chant à la partie supérieure, il faut accompagner chaque note par une note à la basse. Les notes de basse dont l'emploi est le plus fréquent pour accompagner le plain-chant sont : la tonique, le quatrième et le cinquième degré. Dans un morceau en *sol*, les trois notes de basse les plus usitées sont donc *sol*, *ut*, *ré*. Ces notes suffisent, en effet, pour accompagner toutes les notes de la gamme placées au chant.

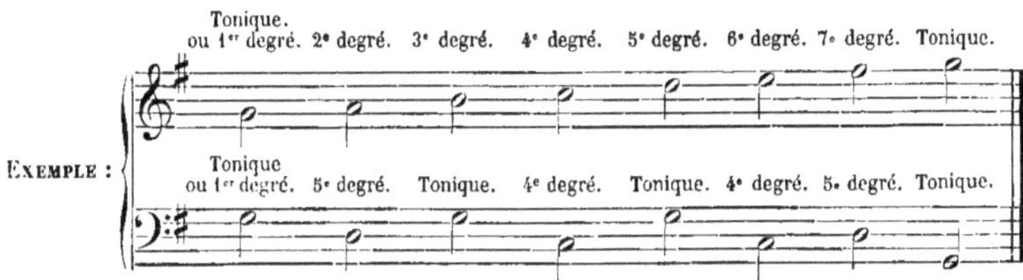

Que le *sol* de la basse soit placé en haut ou en bas, cela n'a aucune importance ; il en est de même des autres notes. Cependant il vaut mieux, en général, que la basse ne soit pas trop éloignée des autres parties.

On voit par cet exemple que la tonique, le troisième et le cinquième degré, *sol*, *si*, *ré*, mis à la partie supérieure, ont pour basse la tonique *sol*. Le quatrième et le sixième degré, *ut*, *mi*, sont accompagnés par le quatrième degré *ut*. Enfin la seconde et la septième note de la gamme, *la* et *fa*, ont pour basse le *ré*, qui est la cinquième note du ton.

Désormais, on devra commencer l'analyse des exemples par se rendre compte de la mélodie qu'il s'agit d'harmoniser ; pour cela on touchera successivement la note la plus haute de chaque accord de la main droite; ainsi le chant de l'exercice qui suit commence par *sol, la, si, ut.*

1ᵉʳ exercice en *sol.* Les trois notes de basse sont *sol, ut, ré,* sur lesquelles on fait l'accord parfait (1).

On fera bien d'étudier cet exercice jusqu'à ce qu'on puisse le jouer par cœur sans hésitation.

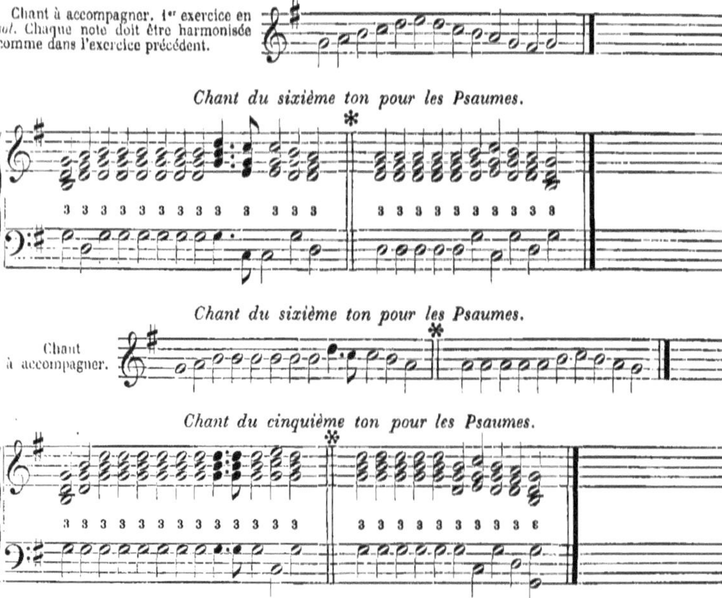

(1) J'engage les personnes qui désireraient commencer leur étude par celle du plain-chant mis au-dessus, à lire néanmoins les premières pages de ce traité. Elles y trouveront des explications sur les modes du plain-chant, sur quelques points de la théorie musicale, ainsi que sur l'accord parfait, l'accord de sixte, les quintes et les octaves défendues, etc., et elles pourront acquérir une certaine habitude des accords, qui leur facilitera l'intelligence de cette seconde partie.

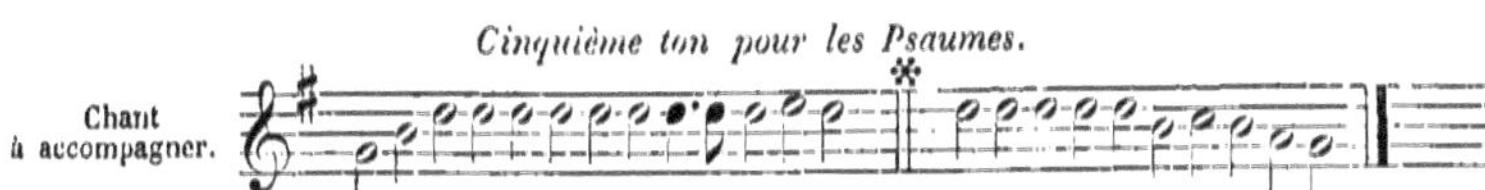

Au lieu de mettre la tonique à la basse, pour accompagner la tonique et le troisième degré, on se sert souvent du sixième degré, comme dans les deux exemples suivants, où le *sol* et le *si* sont accompagnés par l'accord parfait de *mi*, qui est le sixième degré du ton de *sol*.

Exemple :

Lorsque la basse fait deux tierces consécutives avec la partie supérieure, comme dans l'exemple suivant, où le chant fait *sol*, *fa*, et la basse *mi*, *ré*, à la tierce au-dessous, on s'expose à ce que la basse fasse deux octaves de suite avec la seconde partie, et deux quintes avec la troisième. On évite ces fautes en supprimant la quinte dans l'un des deux accords, et en ne mettant que deux notes à la main droite.

Exemple :

Lorsque le chant franchit un intervalle de quarte ou de quinte, *sol*, *ut* ou *sol*, *ré*, on peut faire quelquefois deux quintes et deux octaves de suite entre la basse et les autres parties, pourvu que ces dernières procèdent par mouvement contraire avec la basse.

Exemple :

L'*Inviolata* et l'*Ave verum* peuvent être harmonisés en *sol* par les trois notes *sol*, *ut*, *ré*, comme les chants ci-dessus. On fera bien d'accompagner d'abord de cette manière le chant de ces deux morceaux qui se trouve un peu plus loin, puis on étudiera l'accompagnement plus riche d'harmonie que je vais indiquer. On s'arrêtera attentivement sur les passages dans lesquels je me suis écarté de notre harmonie habituelle. Voici comment il faudra procéder :

En analysant l'*Inviolata*, on voit qu'à la fin du premier verset j'ai accompagné le *sol* par l'accord parfait de *mi* au lieu de celui de *sol*; il y a donc là une nouvelle harmonie. Avant de passer outre, on doit se reporter au premier verset du chant seul de l'*Inviolata*, et chercher à l'accompagner en se rappelant les accords qu'on aura observés. On fera de même pour les autres formules nouvelles, à mesure qu'elles se présenteront; c'est ainsi qu'on apprendra à employer des successions d'accords qu'aucune explication ne saurait graver dans la mémoire. Du reste, revenir souvent sur ses pas pour toucher les accompagnements écrits et s'exercer sur les chants donnés, tel est le meilleur moyen de faire de rapides progrès.

Voici les chants de la seconde partie, qu'on peut accompagner par les trois accords parfaits de la tonique, du quatrième et du cinquième degré; il est bon de les étudier d'abord de cette manière :

Chant du sixième ton pour les psaumes; chant du cinquième ton pour les psaumes, *Inviolata*, *Ave verum*, *Adoro te devote*, *Ave Regina*, hymne *Creator alme siderum*, *Te lucis ante terminum*, *Deus tuorum militum*, chant du premier ton pour les psaumes, *Benedicamus*. Beaucoup de chants du cinquième et du sixième ton sont dans le même cas; mais quand on rencontre une note altérée en montant par un ♮ ou un ♯ accidentel, elle devient note sensible et s'accompagne par la cinquième note du ton qu'elle indique. Ainsi, la basse d'un *ut* diésé accidentellement est *la*, cinquième note du ton de *ré*.

INVIOLATA DU SIXIÈME TON.

Ce morceau finit au chant par la seconde note du ton répétée deux fois, *la, la, sol*; pour varier l'harmonie, j'ai d'abord mis à la basse un accord de sixte sur le quatrième degré *ut*, puis l'accord de *ré*. Cet accord de sixte produit aussi un excellent effet; quant au chant, le second degré est suivi du septième, puis la tonique *la, fa, sol*.

EXEMPLE : 

INVIOLATA DU SIXIÈME TON.

CHANT A ACCOMPAGNER.

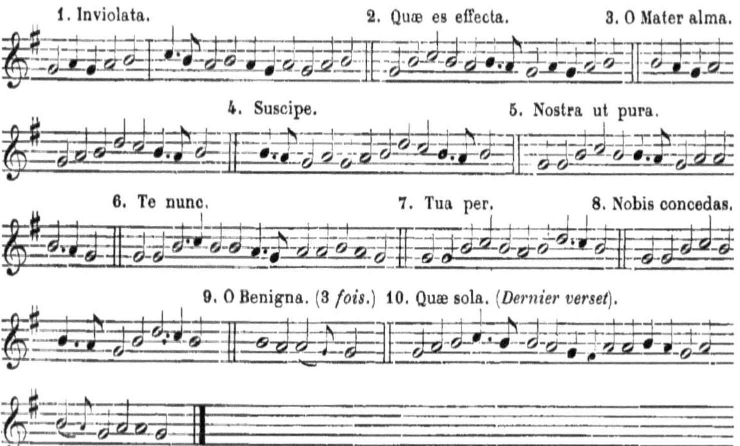

L'*Ave verum* qui suit renferme de nouvelles formules. Ainsi le *ré*, qui termine la première phrase du troisième verset, a pour basse l'accord parfait de la même note. Cet accord se fait principalement quand la phrase finit au chant par le cinquième degré, et qu'il est suivi de l'accord parfait de la tonique. On étudiera les nouvelles formules comme il est dit plus haut.

L'*Ave verum* et le *Regina cœli* peuvent aussi être accompagnés par les trois notes *sol*, *ut*, *ré*.

AVE VERUM DU SIXIÈME TON.

AVE VERUM DU SIXIÈME TON.

CHANT A ACCOMPAGNER.

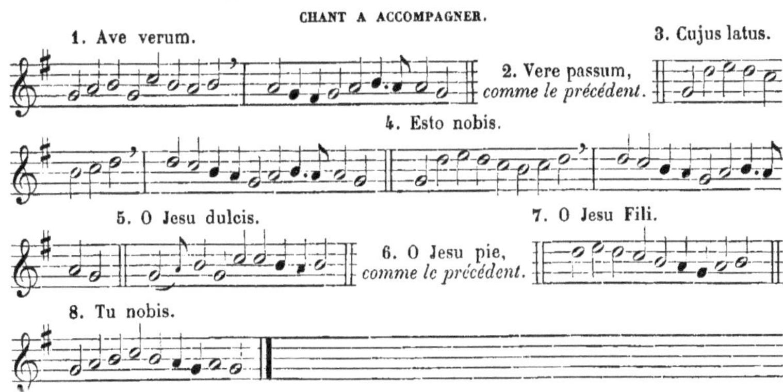

Le *Regina cœli* en *sol* peut être accompagné par les trois accords parfaits de *sol*, d'*ut* et de *ré*. Mais pour rompre la monotonie que donne à la basse le retour trop

fréquent des mêmes notes, j'ai employé de temps en temps le premier renversement de ces accords. On trouve le premier renversement d'un accord en plaçant
la seconde note de cet accord à la basse : ainsi, dans le premier renversement de
l'accord parfait *sol*, *si*, *ré*, on a le *si* à la basse, ce qui forme l'accord de sixte *si*,
ré, *sol*.

Dans le premier renversement de l'accord parfait *ut*, *mi*, *sol*, le *mi* est à la
basse, et on a l'accord de sixte *mi*, *sol*, *ut*; le premier renversement de l'accord
parfait *ré*, *fa*, *la*, est un accord de sixte sur *fa*.

On emploie les renversements quand on veut, pourvu qu'ils ne détruisent pas le
caractère grave que la basse doit toujours conserver. Dans un morceau en *sol*, on
peut donc mettre à cette partie le *si* au lieu du *sol*, le *mi* au lieu de l'*ut*, et le *fa* au
lieu du *ré*.

REGINA CŒLI DU SIXIÈME MODE.

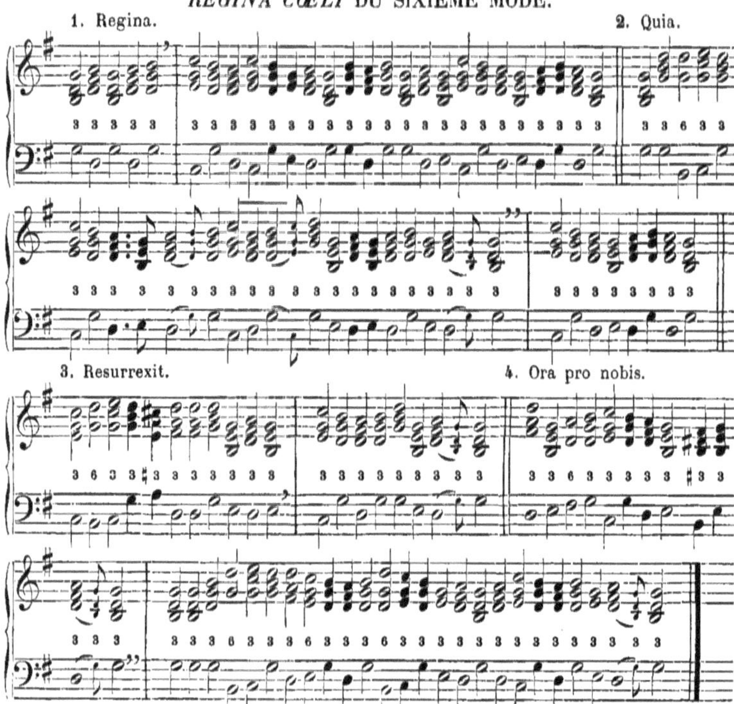

REGINA CŒLI DU SIXIÈME MODE.

Les règles données dans cette seconde partie sont applicables aux chants de tous les Diocèses ; on fera bien de s'exercer à mettre dans le dessus les plains-chants tirés du chant traditionnel qui se trouvent à la fin de ce traité.

Avant de passer à d'autres morceaux, nous allons transposer en *fa* ceux que nous avons donnés jusqu'ici.

Les trois accords parfaits de *fa*, de *si* et d'*ut* suffisent pour accompagner l'*Inviolata*, l'*Ave verum* et le *Regina cœli* ; mais on fera bien de chercher à se rappeler quelques autres formules.

INVIOLATA DU SIXIÈME MODE.

INVIOLATA DU SIXIÈME MODE.

AVE VERUM DU SIXIÈME TON.

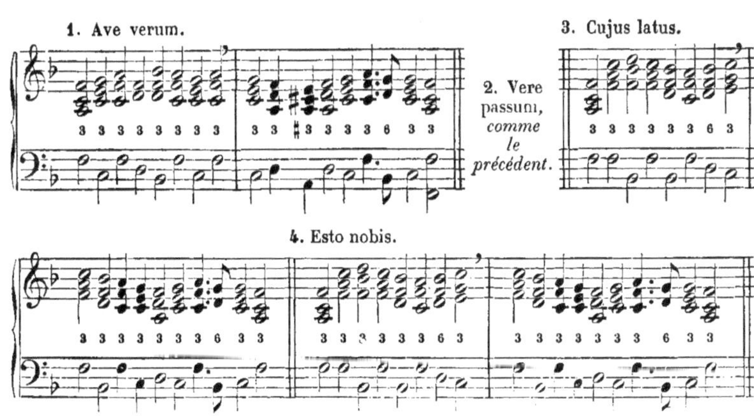

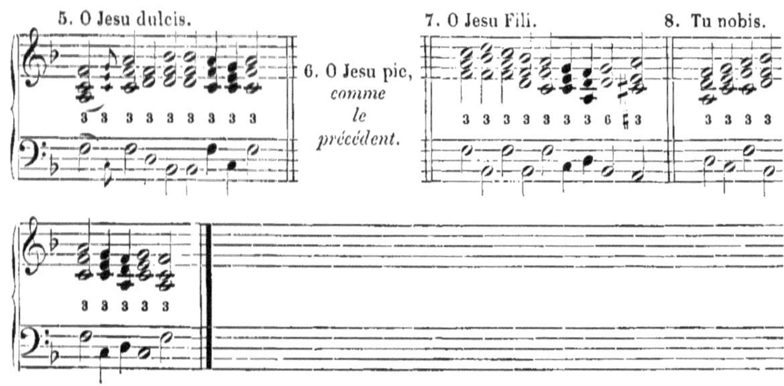

AVE VERUM DU SIXIÈME TON.

REGINA CŒLI DU SIXIÈME MODE.

REGINA CŒLI DU SIXIÈME MODE.

ADORO TE DEVOTE DU CINQUIÈME MODE.

(1) Je n'ai mis que deux notes à la main droite dans le passage de *mi* à *fa*, c'est-à-dire dans la succession du sixième et du septième degré, soit en montant, soit en descendant, parce qu'il y aurait eu deux quintes et deux octaves de suite entre la basse et les parties intermédiaires si j'avais écrit à la main droite *sol, ut, mi*, puis *la, ré, fa*, avec *ut* et *ré* à la basse.

ADORO TE DEVOTE DU CINQUIÈME MODE.

CHANTS A ACCOMPAGNER.

ADORO TE DEVOTE DU CINQUIÈME MODE TRANSPOSÉ.

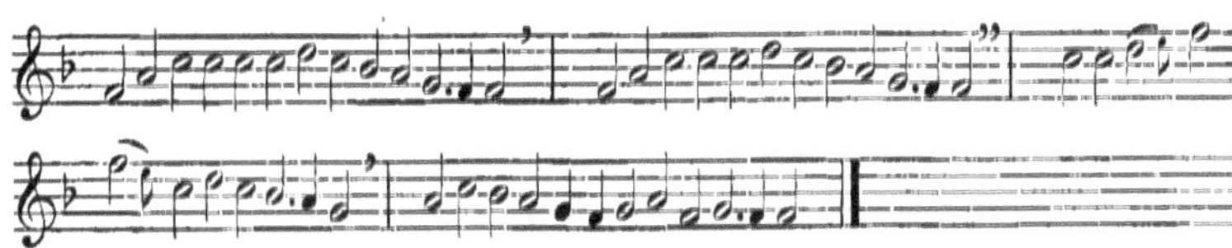

AVE REGINA DU SIXIÈME MODE.

J'ai accompagné les quatre notes *sol, fa ♯, mi, ré*, soulignées dans le dernier verset, par une des formules indiquées plus haut à la suite de la gamme en *sol;* les autres formules seraient également bonnes. Ce membre de phrase permet de faire une modulation passagère en *ré,* attendu que les quatre notes *sol, fa ♯, mi, ré* se trouvent aussi dans la gamme de ce ton.

EXEMPLE :

AVE REGINA DU SIXIÈME MODE.

CHANTS A ACCOMPAGNER.

AVE REGINA DU SIXIÈME MODE TRANSPOSÉ.

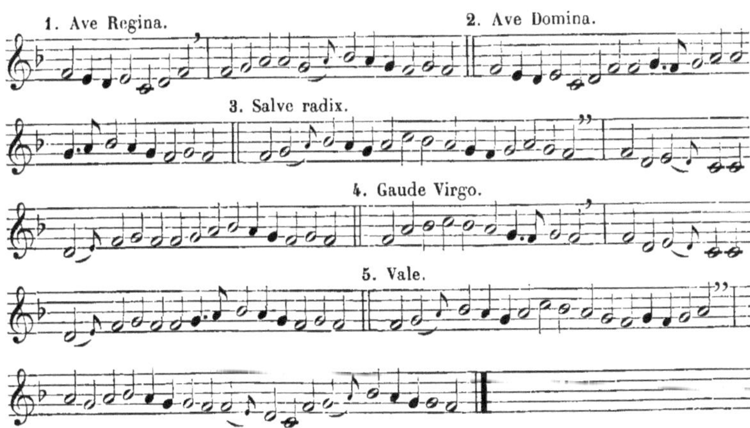

HYMNE *CREATOR ALME SIDERUM* DU QUATRIÈME MODE.

HYMNE *CREATOR ALME SIDERUM* DU QUATRIÈME MODE.

CHANT A ACCOMPAGNER.

HYMNE *CREATOR ALME SIDERUM* DU QUATRIÈME MODE TRANSPOSÉE.

Remarquez que les quatre notes *ré, ut ♯, si, la,* se trouvent dans la gamme de *ré* et dans celle de *la,* où elles sont autrement harmonisées. Quand ces notes se rencontrent dans un morceau en *ré,* par exemple, on les accompagne dans celui des deux tons que l'on préfère.

CHANTS A ACCOMPAGNER.

ALMA DU CINQUIÈME MODE.

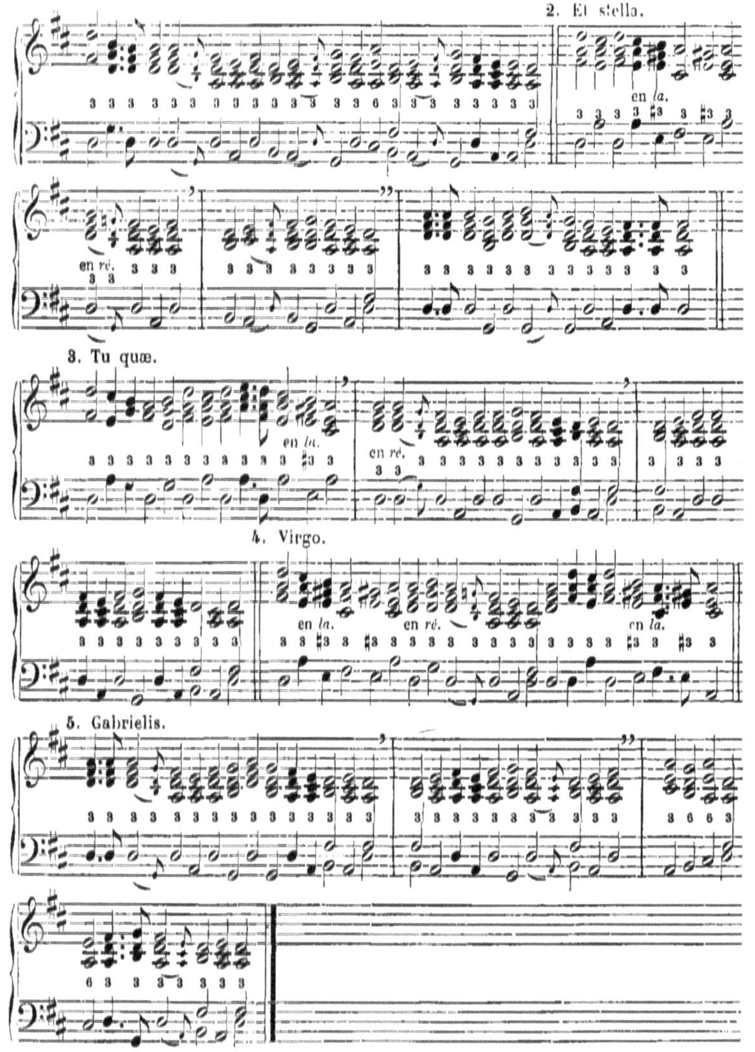
2. Et stella.
en la.
en ré.
3. Tu quæ.
en la.
en ré.
4. Virgo.
en la.
en ré.
en la.
5. Gabrielis.

Le dièse marqué accidentellement à la partie supérieure, devant le *sol* suivi du
la, faisant un repos, n'est pas écrit dans tous les livres de plain-chant; mais la note
sensible, comme je l'ai déjà dit, rend dans ce cas le chant plus naturel. Si l'on ne
veut pas faire le *sol* ♯, l'*Alma* peut être considéré d'un bout à l'autre comme étant
en *ré* majeur, et dès lors il vient s'ajouter à la nomenclature des morceaux indi-
qués page 80, comme étant susceptible d'être accompagné par les trois accords
parfaits de la tonique, du quatrième et du cinquième degré.

ALMA DU CINQUIÈME MODE.

ALMA TRANSPOSÉ DU CINQUIÈME MODE.

13

CHANTS A ACCOMPAGNER.

HYMNE *TE LUCIS* DU QUATRIÈME MODE.

HYMNE *TE LUCIS* DU QUATRIÈME MODE.

CHANTS A ACCOMPAGNER.

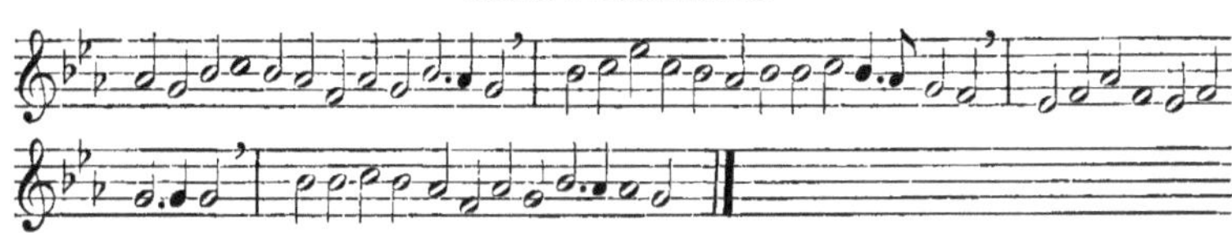

MÊME HYMNE TRANSPOSÉE.

HYMNE *PANGE LINGUA* DU TROISIÈME MODE.

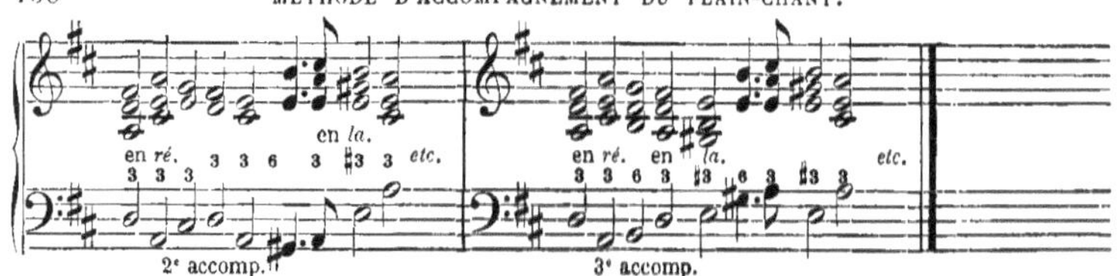

Le premier accompagnement module en *mi* mineur, puis en *la;* dans le second, la modulation en *la* se fait sur le *si*, que j'ai accompagné par l'accord de sixte, *sol* ♯, *si*, *mi*, premier renversement de l'accord parfait de *mi*. Si j'avais placé le *mi* à la basse, il y aurait eu deux quintes consécutives entre cette partie et la première, de *la* à *mi*, et de *mi* à *si*. Cependant ces deux quintes pourraient avoir lieu en procédant par mouvement contraire.

Dans le troisième accompagnement, la modulation en *la* commence sur le *mi*, que j'ai accompagné par l'accord parfait du cinquième degré du ton de *la*. Au lieu de terminer ce morceau comme je l'ai fait, j'aurais pu finir en *ré* par les quatre notes de basse *sol*, *ré*, *la*, *ré*.

HYMNE *PANGE LINGUA* DU TROISIÈME MODE.

CHANTS A ACCOMPAGNER.

MÊME HYMNE TRANSPOSÉE.

HYMNE *DEUS TUORUM MILITUM*, DU HUITIÈME MODE.

(1) Cette Hymne peut être accompagnée par les trois accords parfaits d'*ut*, de *fa* et de *sol*.

On pourrait terminer ce morceau par l'accord parfait d'*ut*, en mettant pour les deux dernières notes *fa, ut* à la basse.

HYMNE *DEUS TUORUM MILITUM* DU HUITIÈME MODE.

CHANTS A ACCOMPAGNER.

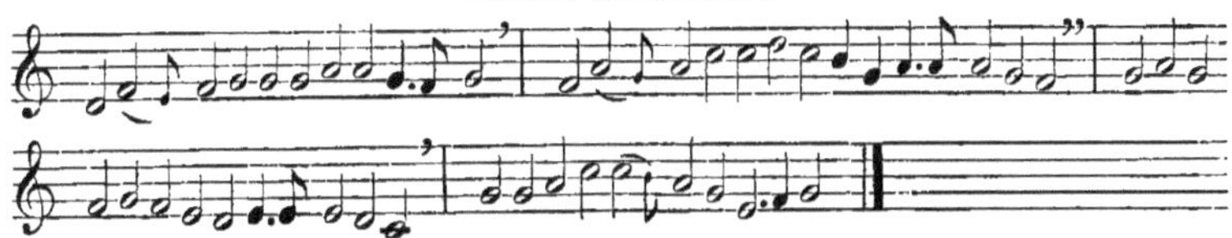

MÊME HYMNE TRANSPOSÉE.

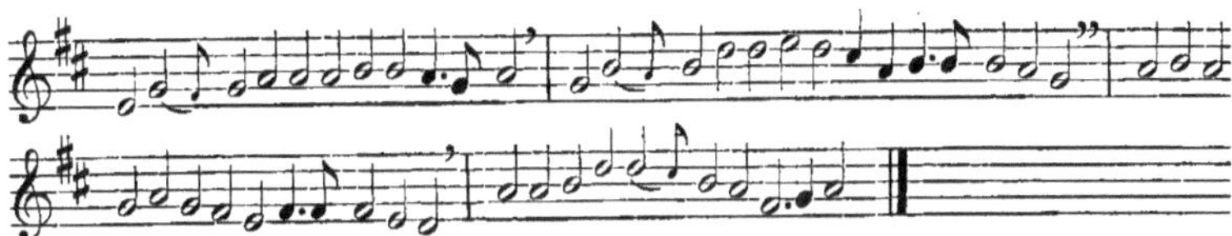

HYMNE *VENI CREATOR* DU HUITIÈME MODE.

HYMNE *VENI CREATOR* DU HUITIÈME MODE.

CHANTS A ACCOMPAGNER.

MÊME HYMNE TRANSPOSÉE.

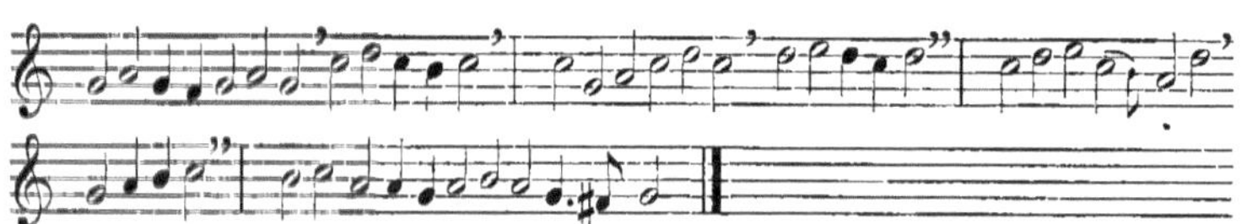

HYMNE *VERBUM SUPERNUM* DU HUITIÈME MODE.

HYMNE *VERBUM SUPERNUM* DU HUITIÈME MODE.

CHANTS A ACCOMPAGNER.

MÊME HYMNE TRANSPOSÉE.

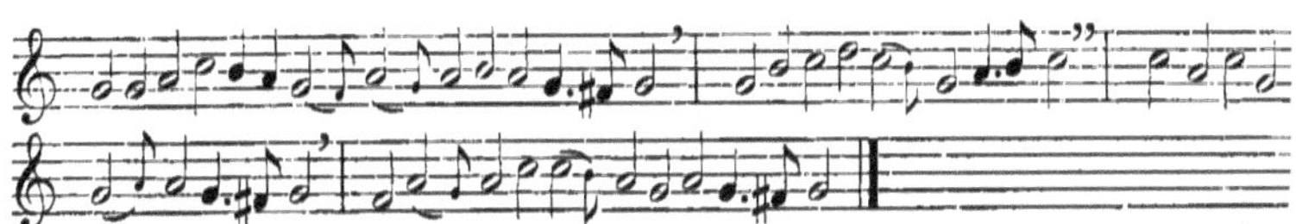

ANTIENNE *SUB TUUM PRÆSIDIUM* DU SEPTIÈME MODE.

CHANT PARISIEN.

ANTIENNE *SUB TUUM PRÆSIDIUM* DU SEPTIÈME MODE.

CHANTS A ACCOMPAGNER.

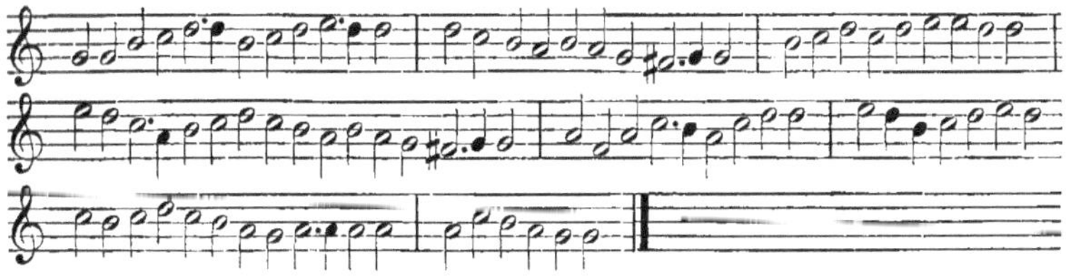

MÊME CHANT TRANSPOSÉ.

On voit par le premier exemple que, dans le mode mineur comme dans le mode majeur, les trois accords parfaits de la tonique, du quatrième et du cinquième degré suffisent pour harmoniser toutes les notes de la gamme ; mais les dernières notes de la gamme de *ré* mineur, avec le *si* ♭ et sans la note sensible, se traitent plutôt en *fa* qu'en *ré*.

Les dernières notes de la gamme, avec le *si* naturel, *la, si, ut, ré*, s'accompagnent en *la* mineur ou en *ut*, à moins que la mélodie ne semble indiquer d'autres tons.

EXEMPLE :

J'ai donné, page 39, sur le premier et le deuxième ton, des explications que je ne répéterai pas ici; je ne puis qu'y renvoyer le lecteur.

CHANTS A ACCOMPAGNER.

Cette seconde harmonie, comme on le voit, est plus riche que la première.

14

CHANTS A ACCOMPAGNER.

CHANTS A ACCOMPAGNER.

HYMNE *VEXILLA REGIS* DU PREMIER MODE.

HYMNE *VEXILLA REGIS* DU PREMIER MODE.

CHANTS A ACCOMPAGNER.

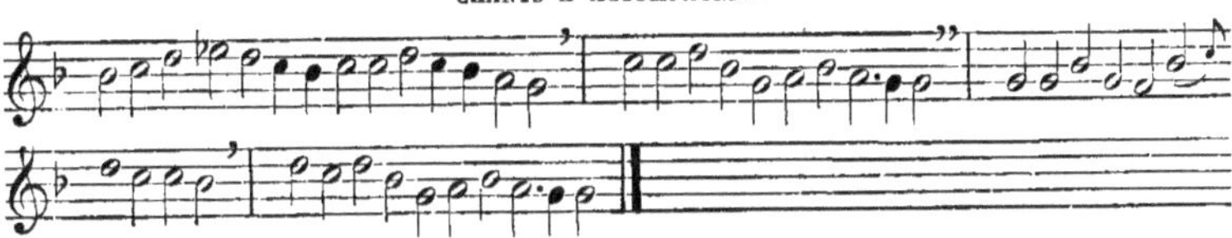

MÊME HYMNE TRANSPOSÉE.

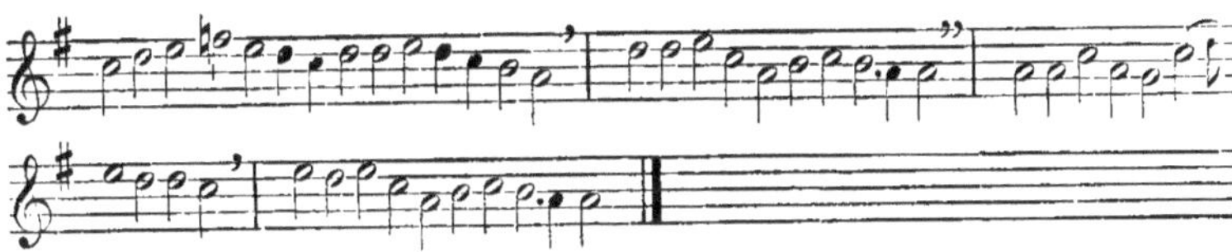

HYMNE *UT QUEANT LAXIS* DU DEUXIÈME MODE.

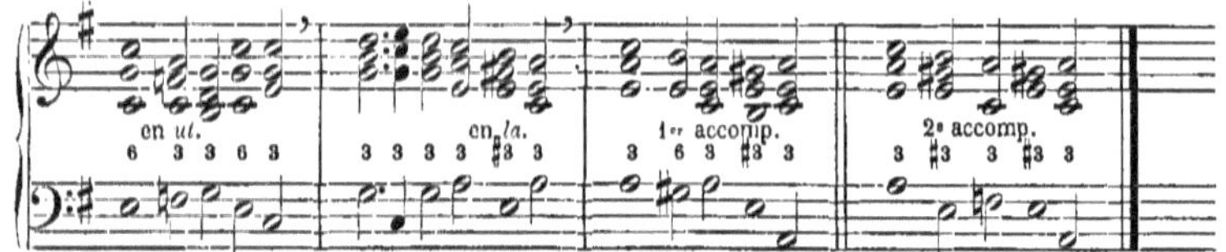

HYMNE *UT QUEANT LAXIS* DU DEUXIÈME MODE.

CHANTS A ACCOMPAGNER.

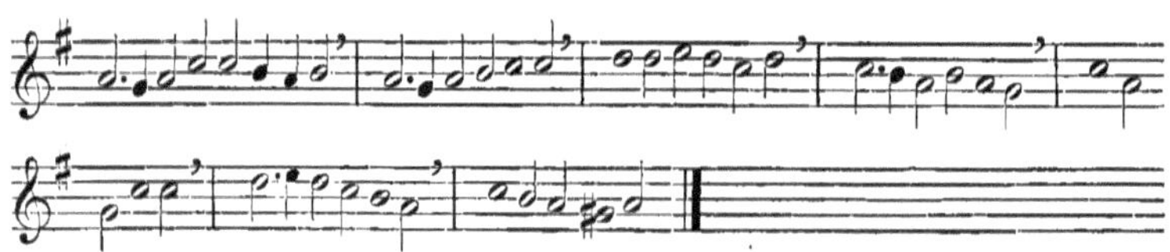

MÊME HYMNE TRANSPOSÉE.

HYMNE *SALVETE FLORES MARTYRUM* DU PREMIER MODE.

HYMNE *SALVETE FLORES MARTYRUM* DU PREMIER MODE.

CHANTS A ACCOMPAGNER.

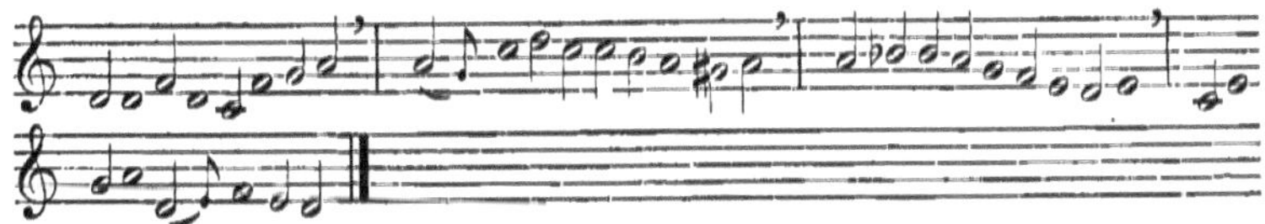

MÊME HYMNE TRANSPOSÉE.

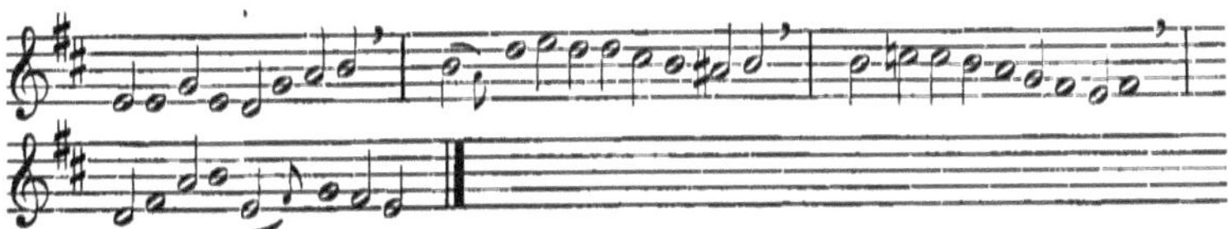

HYMNE *SACRIS SOLEMNIIS* DU PREMIER MODE.

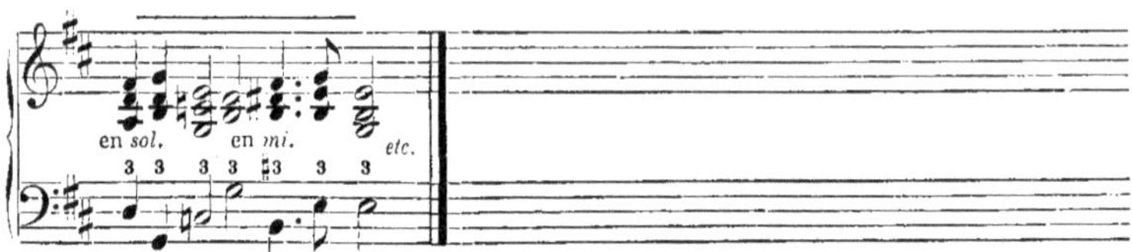

Remarquez que dans les passages soulignés, les deux notes *mi*, *ré* sont accompagnées la première fois en *mi* mineur, la seconde en *ré* majeur, et en troisième lieu en *sol*. C'est ainsi qu'il faut accompagner franchement dans le ton auquel on s'arrête, lorsque la mélodie n'a pas par elle-même une tonalité bien prononcée, ce qui arrive souvent, c'est-à-dire qu'on doit donner à chaque note l'harmonie naturelle qu'elle comporte dans le ton où on la considère, telle que celle des accords parfaits sur la tonique, le quatrième et le cinquième degré ou autre. Les exemples offrent l'application continuelle de ce principe, le meilleur selon nous pour obtenir des résultats satisfaisants et variés.

Si l'on ne veut pas faire le *la* ♯ que j'ai placé à la fin des phrases pour rendre la mélodie et l'harmonie plus douces, on pourra, pour accompagner le *la* naturel, laisser le *fa* à la basse ou faire l'accord de *ré*.

HYMNE *SACRIS SOLEMNIIS* DU PREMIER MODE.

MÊME HYMNE TRANSPOSÉE.

HYMNE *A SOLIS ORTUS CARDINE* DU QUATRIÈME MODE.

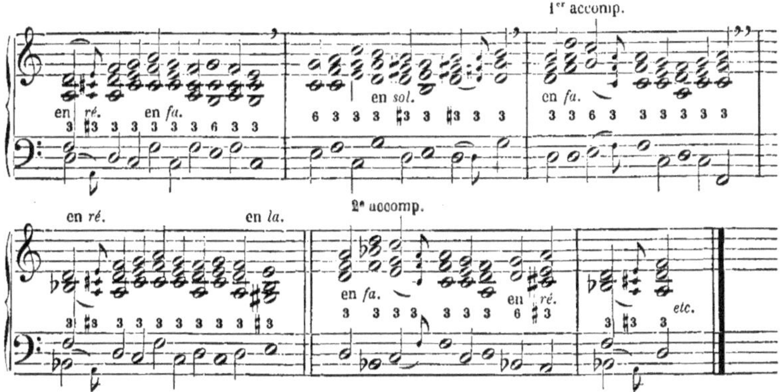

HYMNE *A SOLIS ORTUS CARDINE* DU QUATRIÈME MODE.

CHANTS A ACCOMPAGNER.

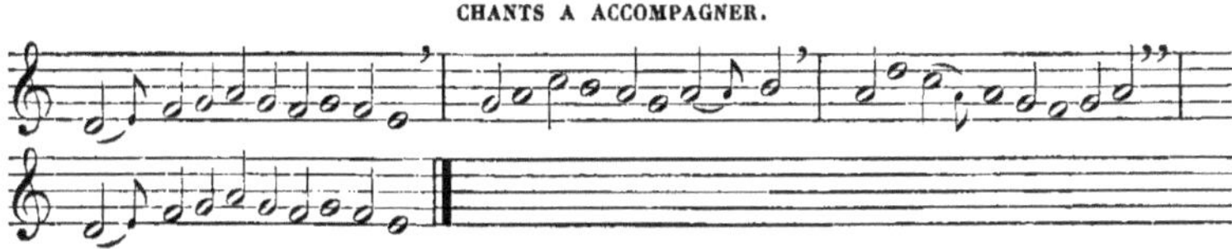

MÊME HYMNE TRANSPOSÉE.

HYMNE *AVE MARIS STELLA* DU PREMIER MODE.

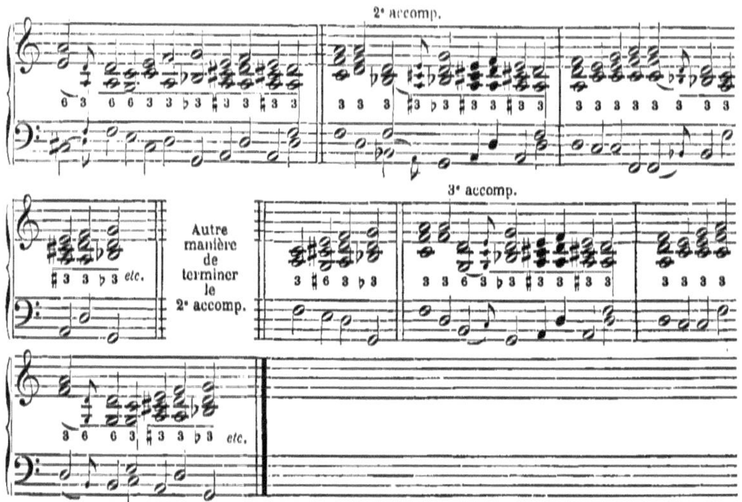

Le premier *ré* de chacune des deux phrases du passage souligné est accompagné de trois manières différentes : par l'accord parfait de *ré*, de *si* ♭, et par l'accord de sixte *si* ♮, *ré, sol*, suivi de l'accord parfait d'*ut*, ce qui constitue une modulation passagère dans ce ton.

Le commencement de l'*Ave maris stella* peut être considéré comme appartenant au ton de *sol*, et alors on obtiendra le résultat ci-après. On remarquera que la quatrième note de l'hymne, qui est *sol*, a pour basse l'accord parfait d'*ut* dans l'accompagnement donné plus haut; et les accords parfaits de *sol* et de *mi* dans ceux qui suivent :

(1) On pourrait faire à la main droite, sur le *si* de la basse, *mi, sol* ♯, *si*, ce qui serait plus doux que *ré, sol* ♯, *si*; *si, mi, sol* ♯, *si* est un accord de quarte et sixte, comme on le verra dans la troisième partie.

Comme je l'ai déjà dit, on se familiarisera peu à peu avec les diverses formules ; cependant il ne faut pas abandonner un morceau avant de pouvoir l'accompagner correctement, ne fusse que d'une seule manière ; car un plain-chant bien su rend l'étude d'autres morceaux plus facile.

HYMNE *AVE MARIS STELLA* DU PREMIER MODE.

CHANTS A ACCOMPAGNER.

MÊME HYMNE TRANSPOSÉE.

SALVE REGINA DU PREMIER MODE.

(1) On peut accompagner ce *sol* par l'accord de sixte *si, ré, sol,* en mettant le *si* à la basse, et *ré, sol* à la main droite.

3. Ad te clamamus.

1er accomp. (1)

(1) Les deux notes *la, ré*, sont accompagnées en *sol*, la première fois, et en *ré*, la seconde.

2e accomp.

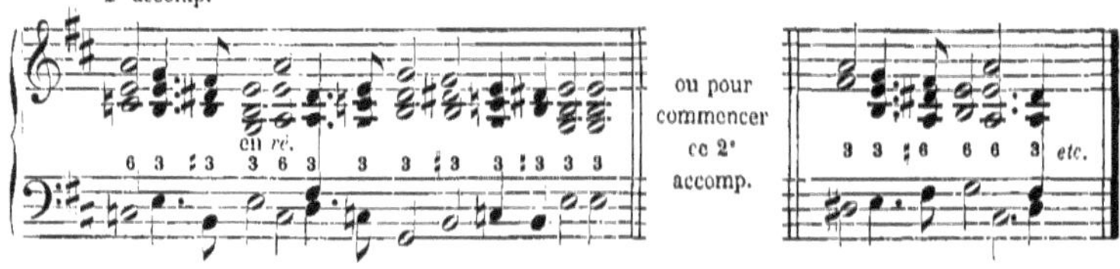

Le chant du septième et du huitième verset est le même; mais j'en ai varié l'accompagnement.

Voici deux autres manières d'harmoniser le même passage :

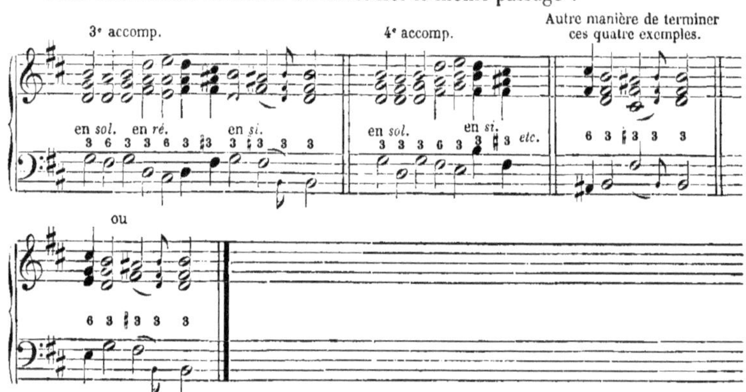

Le premier *ré* du septième et du huitième verset est accompagné quatre fois différemment par les accords parfaits de *sol, de si, de ré,* et par un accord de sixte.

Les quatre premiers versets du *Salve,* qui est en *mi* mineur pour l'oreille, le sixième et le neuvième sont susceptibles d'être harmonisés avec les trois accords parfaits de la tonique du quatrième et du cinquième degré, *mi, la, si;* mais l'accompagnement qui précède est meilleur. Le cinquième, le septième et le huitième verset ne sauraient être accompagnés de même, à cause de l'*ut* ♯ qui s'y trouve et qui oblige à moduler.

<h3 style="text-align:center">SALVE REGINA DU PREMIER MODE.</h3>

1. Salve Regina.

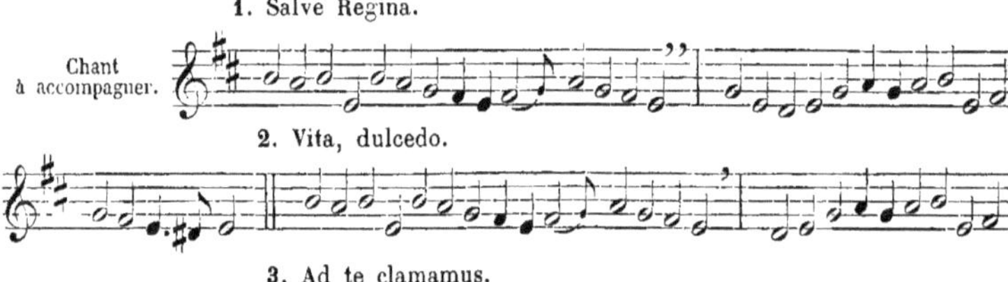

2. Vita, dulcedo.

3. Ad te clamamus.

4. Ad te suspiramus.

5. Eia ergo.

6. Et Jesum.

7. O clemens.

8. O pia. 9. O dulcis.

Le *Salve Regina* et le *Credo* de Dumont qui suit sont notés ici en *mi* mineur, et en *ré* mineur pour la basse dans la première partie. On fera bien de les étudier dans ce dernier ton avec le chant à la partie supérieure.

C'est ainsi que chaque plain-chant de la première et de la seconde partie peut être mise à la basse ou au dessus, et comme les tons sont différents dans les deux parties, celui qui étudiera le plain-chant des deux manières sera bientôt maître de l'harmonie dans tous les tons.

CREDO DU PREMIER MODE PAR DUMONT.

1. Patrem.

2. Et in unum.

en mi.
3 3 3 3 3 3 3 ♯3 3 3 3 3 ♯3 3 ♯3 3 3
en mi.
3 6 3 3 6 ♯3 3 ♯3 3 ♯3

3. Et ex Patre.
4. Deum de
en sol.
3 3 3 3 3 ♯3 ♯3 3 3
en si.
en sol.
3 3 3 3 3 3 3 3 3 3
en mi.
3 ♯3 3 3
en sol.
3 6 3

Deo.
5. Genitum.
6 3 6 3 3 3 3 3
en mi. en ré. en mi.
6 3 6 3 ♯3 3 3 3 ♯3 3
en mi.
3 6 3 3 6 ♯3 3

6. Qui propter.
3 6 3 6 ♯6 3 6 3 ♯3
en sol. en mi.
3 3 3 3 3 ♯3 3 3
en mi.
3 3 ♯3 3 6 3 3

7. Et incarnatus est.
en si.
♯3 3 3 3 3 3 3 ♯3 3
en sol.
3 3 3 3 3
en mi.
3 3 3 6 3 ♯3 ♯3 3 3 3

8. Crucifixus.

9. Et resurrexit.

10. Et ascendit.

11. Et iterum.

12. Et in Spiritum.

Le premier *si* des trois exemples est accompagné par les accords parfaits de *mi*, de *si* et de *sol*.

CREDO DE DUMONT DU PREMIER MODE.

KYRIE DU TROISIÈME MODE POUR LES FÊTES DE LA Sᵗᵉ VIERGE.

KYRIE DE LA MESSE POUR LES FÊTES DE LA SAINTE VIERGE.

Nous voici arrivé au terme de cette seconde partie, et nous croyons que ceux qui l'auront étudiée avec soin ne seront arrêtés par aucune difficulté ; cependant, pour résumer en peu de mots les principes développés dans cet ouvrage, nous dirons que quand on rencontrera des plains-chants ou simplement quelques passages qu'on aura de la peine à harmoniser, il faut d'abord les accompagner avec les accords parfaits de la tonique, du quatrième et du cinquième degré, puis modifier, s'il y a lieu, ce premier travail, qui du reste donnera presque toujours une harmonie passable.

Le *Benedicamus* qui suit paraît pour l'oreille en *ré* mineur, sans la note sensible *ut* ♯; nous allons l'accompagner d'abord avec les accords parfaits de *ré*, de *sol* et de *la*, puis autrement.

BENEDICAMUS DU DEUXIÈME MODE.

CHANT PARISIEN.

BENEDICAMUS DU DEUXIÈME MODE.

CHANTS A ACCOMPAGNER.

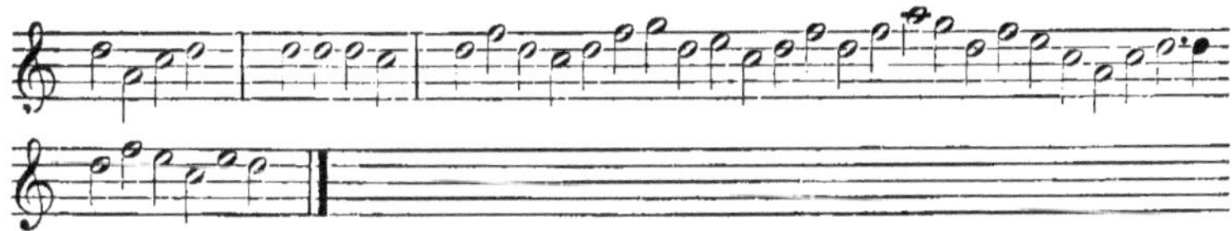

MÊME CHANT TRANSPOSÉ.

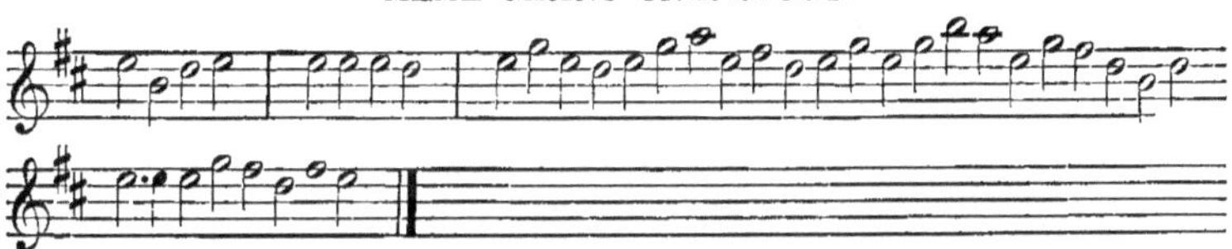

Le plain-chant se met quelquefois au milieu, par exemple à la taille, comme dans les psaumes en faux-bourdon, et alors, pour donner à l'organiste accompagnateur le moyen de guider le chœur plus facilement, on lui fait presque toujours exécuter de la main droite la partie des enfants de chœur, au lieu du plainchant, comme dans l'exemple suivant :

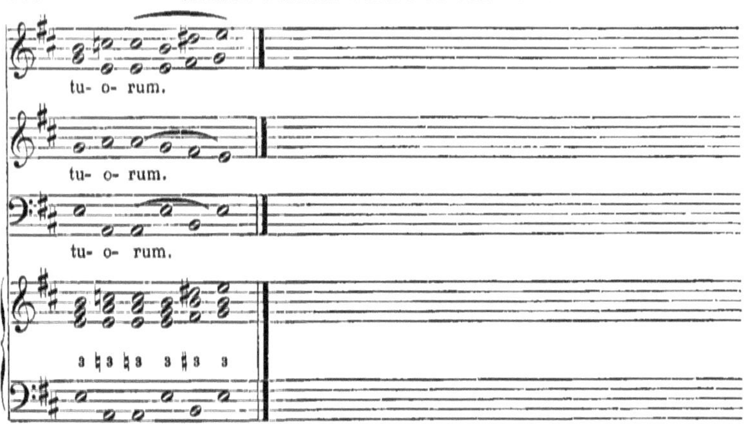

On voit ici deux dièses à la clef : c'est l'armure rationnelle quand on monte d'un ton un chant du premier mode ou toute autre mélodie écrite comme celle-ci dans les livres de plain-chant, sans rien à la clef. Mais l'examen de cet exemple montre qu'il est en *mi* mineur, et qu'on peut ne mettre qu'un dièse à la clef pour éviter les bécarres accidentels. Il y a une foule de plains-chants susceptibles de semblables observations. Ce chant de psaume se trouve aussi à la page 105, où il commence par l'intonation *sol, la, si*.

L'intonation d'un psaume ne se chante qu'au premier verset; les autres versets commencent par la dominante du mode, comme on le voit ici. Il faut observer que lorsqu'un homme chante de la musique écrite à la clef de *sol*, il rend les notes à l'octave au-dessous, attendu que la voix de l'homme est une octave plus basse que celles des femmes et des enfants : d'où il suit que dans l'exemple précédent les *si* de la seconde clef de *sol*, étant écrits pour la taille, qui est une voix d'homme, doivent être considérés comme s'ils étaient placés au-dessus des cinq lignes de la clef de *fa*.

Pour que le plain-chant au milieu produise un bon effet, il faut qu'il soit renfermé dans un intervalle peu étendu, tel qu'une sixte ou une septième, et assez connu des fidèles pour qu'ils puissent le distinguer du chant des autres parties. Autrement le plain-chant se perd dans l'ensemble des voix et devient presque insaisissable pour l'oreille de l'auditeur, qui est plus frappé du chant des dessus et des basses.

On trouve la basse d'un plain-chant placé au milieu en raisonnant comme s'il était au dessus; c'est pourquoi nous avons accompagné le chant qui précède par une harmonie identique à celle du même chant, mis à la partie supérieure, donné p. 105.

TROISIÈME PARTIE

Renfermant de nouvelles explications relatives a l'harmonie. — De la transposition du plain-chant. — Plains-chants reproduits selon la notation des livres d'offices.

Si nous n'avons employé jusqu'ici que deux accords pour accompagner le plain-chant, c'était pour être plus aisément compris, et qu'à la rigueur ils sont suffisants; mais maintenant qu'on doit être familiarisé avec ces accords, il nous reste à en expliquer brièvement quelques autres, dont l'emploi judicieux donne aux accompagnements plus d'harmonie et de variété.

DE L'ACCORD DE QUARTE ET SIXTE.

Le premier renversement de l'accord parfait s'obtient, avons-nous dit page 84, en mettant la seconde note de l'accord à la basse.

La troisième note de l'accord parfait mise à la basse donne le second renversement. Ainsi, le second renversement de l'accord parfait *ut, mi, sol*, est *sol, ut, mi*, que l'on appelle accord de quarte et sixte, parce qu'il se compose de ces intervalles. Le second renversement de l'accord parfait *sol, si, ré*, est l'accord de quarte et sixte *ré, sol, si*.

Lorsque le plain-chant est à la basse et qu'il arrive sur la seconde ou la cinquième note du ton, par exemple quand on est en *ut*, sur *ré*, ou sur *sol*, on peut faire un accord de quarte et sixte sur ces deux notes, pourvu qu'elles soient amenées et quittées par intervalles de seconde, c'est-à-dire que le *ré* doit être précédé et suivi d'un *ut* ou d'un *mi*, et le *sol* d'un *fa* ou d'un *la*.

Dans le second exemple, l'accord de quarte et sixte sur le *sol* est encore réguliè-rement amené, parce qu'il est précédé et suivi d'un accord qui renferme les notes dont il se compose.

FRAGMENT DU *KYRIE* DE DUMONT.

FRAGMENT DU *KYRIE* DE DUMONT.

Quand le chant est à la partie supérieure, on peut employer l'accord de quarte et sixte à la fin des phrases qui se terminent par la tonique de l'une des manières suivantes :

Remarquez que nous avons amené à la basse l'accord de quarte et sixte, comme il est dit plus haut, par degré conjoint ou par une note de l'accord. En effet, l'ac-cord de quarte et sixte *sol, ut, mi,* est précédé de l'accord de *fa* ou de celui d'*ut.*

FRAGMENT DU *KYRIE* DE DUMONT.

FRAGMENT DU *KYRIE* DE DUMONT.

DE L'ACCORD DE SEPTIÈME

L'accord de septième de dominante se compose de la cinquième note de la gamme majeure ou mineure mise à la basse, et de trois tierces successives, c'est-à-dire de tierce, de quinte et de septième.

L'accord de septième de dominante du ton d'*ut* est *sol, si, ré, fa;* celui du ton de *ré* est *la, ut* ♯, *mi, sol,* etc. Après avoir fait un accord de septième de dominante, la basse doit aller à la tonique sur laquelle on fait l'accord parfait. De là vient cette expression que l'accord de septième de dominante fait sa résolution sur l'accord parfait de la tonique. Ainsi, quand on est en *ré* et qu'on fait l'accord de septième de dominante *la, ut* ♯, *mi, sol,* la basse doit aller au *ré,* la note sensible *ut* ♯, monter à la tonique *ré,* et le *sol,* septième de *la, ut* ♯, *mi, sol,* doit descendre d'un degré sur le *fa;* ces deux dernières notes suivent la même marche dans les renversements. Il faut remarquer tout cela en analysant l'exemple qui suit.

Dans cet exemple, l'accord de septième de dominante est désigné par un 7, et les renversements par les chiffres indicateurs des intervalles qui les composent.

Résolution de l'accord de 7ᵉ de dominante et de ses renversements.

On voit que le premier renversement se fait à la basse sur la note sensible, et se résout sur la tonique *ut, ré.* Le second renversement se fait sur le second degré, et fait sa résolution sur la tonique ou sur le troisième degré *mi, ré,* ou *mi, fa.* Le troisième renversement a lieu sur la quatrième note du ton, et se résout sur la troisième *sol, fa.*

Voici le même exemple en *ré* mineur commençant pour la main droite à une autre position.

On fera bien de chercher l'accord de septième de dominante et ses renversements dans les tons les plus usités, comme je viens de le faire pour le ton de *ré.*

BASSES A ACCOMPAGNER,

pour employer l'accord de 7ᵉ de dominante et ses renversements.

Quand le plain-chant est à la basse, on peut faire l'accord de septième de dominante et ses renversements toutes les fois que la basse permet de bien résoudre ces accords. Ainsi, on peut employer l'accord de septième de dominante lorsque la basse va du cinquième degré à la tonique, le second renversement quand la seconde note du ton est suivie de la tonique ou du troisième degré, etc.

FRAGMENT DE L'*AVE VERUM*.

FRAGMENT DU *SALVE REGINA*.

FRAGMENT DE L'*AVE VERUM*.

FRAGMENT DU *SALVE REGINA*.

L'accord de septième de dominante et ses renversements bien résolus s'emploient également pour accompagner le plain-chant mis à la main droite, principalement dans trois circonstances : 1° quand on a au chant le septième degré, puis la tonique, par exemple *fa* ♯, *sol* en *sol;* 2° le second degré et la tonique *la, sol;* 3° le quatrième degré suivi du troisième, *ut, si.*

Ces passages s'accompagnent de plusieurs manières.

EXEMPLE :

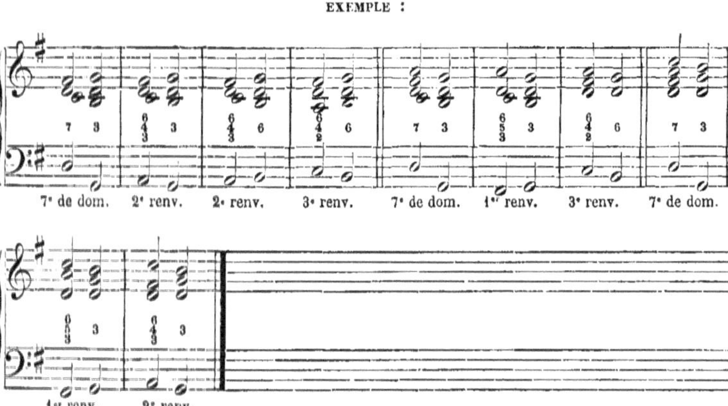

On n'a pas accompagné *fa* ♯, *sol* par le premier renversement de la septième de dominante, qui aurait donné les mêmes notes à la basse, et conséquemment deux octaves défendues. La suite de l'exemple est susceptible d'observations analogues.

FRAGMENT DE L'*AVE VERUM*.

CHANT A LA PARTIE SUPÉRIEURE.

FRAGMENT DU *SALVE REGINA.*

CHANT A LA PARTIE SUPÉRIEURE

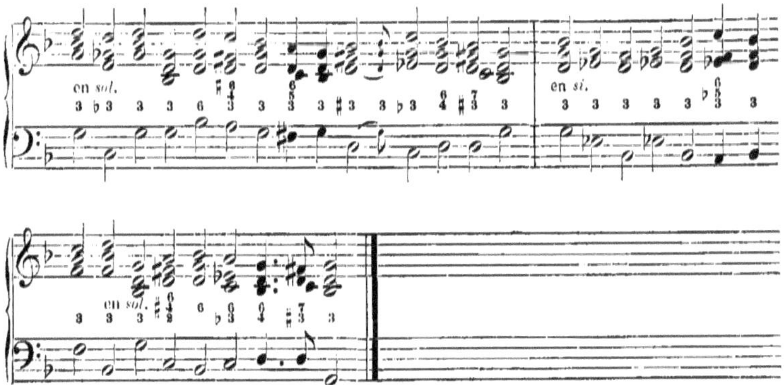

FRAGMENT DE L'*AVE VERUM.*

CHANTS A ACCOMPAGNER.

FRAGMENT DU *SALVE REGINA.*

Le chant qui suit est connu de tout le monde, et comme cet exemple renferme presque tous les nouveaux accords dont nous avons parlé depuis la troisième partie, on fera bien de l'apprendre par cœur et de l'étudier dans d'autres tons.

Sixième ton pour les Psaumes.

CHANT A LA PARTIE SUPÉRIEURE.

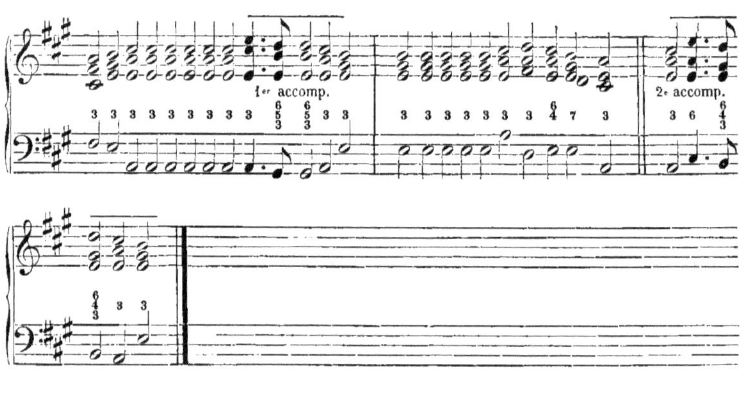

DU CONTRE-POINT

APPLIQUÉ A L'ACCOMPAGNEMENT DU PLAIN-CHANT MIS A LA BASSE.

Lorsque les organistes veulent jouer seuls, c'est-à-dire sans le chœur et avec une certaine solennité, le plain-chant à la basse, au lieu d'accompagner simplement chaque note par un accord, ce qui paraît trop froid, ils font de la main droite des broderies nommées contre-point. Les éléments du contre-point sont les notes de passage et les retards.

DES NOTES DE PASSAGE.

Lorsqu'on fait passer à la main droite plusieurs notes sur un accord, on les appelle notes de passage; mais on donne plus particulièrement ce nom à celles qui ne font pas partie des notes de l'accord; elles seront marquées d'un *p*.

Les notes étrangères à l'accord doivent être amenées et quittées par degré conjoint; on voit que dans la première mesure de cet exemple le *ré*, qui ne fait pas partie des notes de l'accord d'*ut*, est précédé d'un *mi* et suivi d'un *ut*. Le *si*, qui n'est pas non plus une note de l'accord, est précédé d'un *ut* et suivi d'un *la* dans la mesure suivante.

Lorsqu'on franchit un intervalle plus grand que celui de seconde, tel qu'une tierce, une quarte, etc., il faut tomber sur une note de l'accord, comme dans la seconde mesure, où l'on saute de *la* à *ré*, qui est une note de l'accord *fa, la, ré*.

Quand on a l'intention de faire des broderies à la main droite pour accompagner le chant à la basse, on exécute presque toujours le plain-chant comme s'il était composé de notes d'égale valeur, par exemple de rondes, et pour chaque ronde on fait les valeurs qu'on veut, soit deux blanches ou quatre noires, ou une blanche et deux noires, etc.

FRAGMENT DU *SANCTUS* DE LA MESSE DE DUMONT.

DES RETARDS.

Il est un principe de l'harmonie qui permet de retarder certaines notes des accords par la note supérieure, à la condition que cette dernière soit préparée, c'est-à-dire entendue d'avance et qu'elle descende d'un degré. Voici les retards les plus usités pour accompagner le plain-chant à la basse :

1° On peut retarder par la septième la sixte d'un accord de sixte ; ainsi, au lieu de faire entendre tout de suite l'*ut* de l'accord de sixte *mi, sol, ut*, on peut mettre d'abord un *ré*, ce qui donne l'accord de septième *mi, sol, ré*, puis *mi, sol, do ;* le *ré* doit être préparé.

EXEMPLE :

Lorsqu'une note est chiffrée en premier lieu par 7, plus loin par 6, comme le *mi* qui termine cet exemple, l'accord de septième se fait sans la quinte, et se compose uniquement de tierce et septième.

Nous avons vu, page 14, que, pour accompagner le plain-chant à la basse, à l'exception de la tonique et du cinquième degré qui exigent l'accord parfait, toutes les notes de la gamme peuvent se chiffrer par 6 ; chacune de ces notes comporte par conséquent l'harmonie de 7, 6, quand la septième est préparée.

Cette harmonie s'emploie à chaque instant sur le troisième et le deuxième degré, surtout quand ils font partie d'une suite de notes diatoniques en descendant.

EXEMPLE :

FRAGMENT DU *SANCTUS* DE LA MESSE DES DOUBLES MAJEURS.

2° On retarde quelquefois dans l'accord parfait l'octave de la basse par la neuvième, qui doit être préparée et résolue en descendant.

EXEMPLE :

On voit que l'accord de neuvième se compose de tierce, quinte et neuvième.

Toutes les fois qu'une note peut être chiffrée par 3, on peut également la chiffrer d'abord par 9, puis par 3, pourvu que la neuvième soit bien préparée. Mais cette harmonie se fait principalement sur la tonique et le quatrième degré; et pour que la préparation de la neuvième soit faite convenablement, il faut, comme dans l'exemple ci-dessus, que la tonique soit précédée du septième degré, et le quatrième degré du troisième.

3° On peut retarder la tierce de l'accord parfait par la quarte, pourvu que ce dernier intervalle soit préparé et se résolve en descendant d'un degré.

EXEMPLE :

Même retard, sans la quinte.

L'accord de quarte et quinte se fait le plus ordinairement sur la tonique et le cinquième degré, et peut, comme on vient de le voir, être amené de différentes manières.

FRAGMENT DU *SANCTUS* DE LA MESSE DE DUMONT.

AVE VERUM. (CHANT PARISIEN.)

Versets que l'organiste joue sans le chœur.

3. Cujus latus.
Orgue.
2. Le Chœur :
Vere passum.

5. O Jesu dulcis.
Orgue.
4. Le Chœur : Esto nobis.
7. O Jesu Fili.
Orgue.
6. Le Chœur : O Jesu pie.

HYMNE *PANGE LINGUA* DU TROISIÈME MODE.

Les organistes ne font pas ordinairement de contre-point pour accompagner le plain-chant à la partie supérieure; cela rendrait le chant trop difficile à saisir. D'ailleurs, pour écrire de tels contre-points, il faut avoir fait de bonnes études d'harmonie.

Je dois donc terminer ici la tâche que je me suis imposée, heureux si mes
efforts, pour aplanir les difficultés qu'offre l'accompagnement du plain-chant, per-
mettent à ceux qui étudieront consciencieusement cet ouvrage pendant quelque
temps d'être dédommagés par le succès des peines qu'ils se seront données.

DE LA TRANSPOSITION DU PLAIN-CHANT.

Transposer un plain-chant, c'est le baisser ou le hausser d'une seconde, d'une
tierce, d'une quarte, etc.; pour cela, on est forcé de le lire à une autre clef que
celle à laquelle il est écrit. Il n'y a que trois clefs en musique, savoir :

La clef de *sol*, 𝄞 la clef d'*ut*, 𝄡 et la clef de *fa* 𝄢.

Mais par les différentes positions que peuvent prendre les deux dernières clefs,
les trois clefs équivalent à sept.

La clef de *sol* se pose sur la seconde ligne, la clef d'*ut* sur chacune des quatre
premières lignes de la portée, et la clef de *fa* sur la troisième ou sur la quatrième
ligne.

Supposons qu'il s'agisse de baisser d'une tierce le premier plain-chant ci-après;
ce chant est écrit à la clef d'*ut* quatrième : mais baissé d'une tierce, l'*ut* deviendra
un *la*; c'est pourquoi on lira le plain-chant à la clef de *fa* troisième, qui donne un
la sur la quatrième ligne, puis on supposera deux ♯ à la clef, car le chant qui est en
fa étant baissé d'une tierce se trouvera en *ré*.

Autre exemple : Si on veut monter ce même plain-chant d'une seconde, l'*ut* de
la clef deviendra un *ré*. On lira par conséquent à la clef de *sol*, qui donne un *ré* sur
la quatrième ligne, et comme le chant, au lieu d'être en *fa*, sera en *sol*, on supposera un dièse à la clef.

On voit que, pour transposer, il faut d'abord chercher quelle clef on doit substi-
tuer à celle qui est écrite, et ensuite supposer à la clef les signes nécessaires pour
jouer dans le nouveau ton. Les notes précédées d'un ♭ accidentel étant baissées
d'un demi-ton, il faudra également baisser de cet intervalle les mêmes notes
transposées.

LISTE DES PLAINS-CHANTS

CONTENUS DANS LES DEUX PREMIÈRES PARTIES DE CET OUVRAGE

REPRODUITS SELON LA NOTATION DES LIVRES D'OFFICES, A L'EXCEPTION DES PAROLES.

Chant du sixième ton pour les Psaumes.

Autre chant du sixième ton pour les Psaumes.

Chant du cinquième ton pour les Psaumes.

SÉQUENCE *AVE VERUM* DU SIXIÈME MODE.

Ave verum.

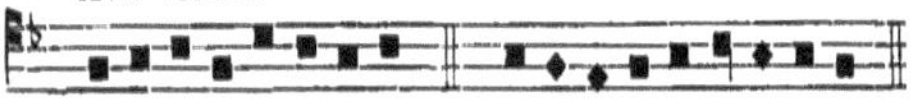

Cujus latus. (1)

Vere passum,
comme le précédent.

Esto nobis.

O Jesu dulcis.

O Jesu pie,
comme le précédent.

O Jesu Fili.

Tu nobis.

SÉQUENCE *INVIOLATA* DU SIXIÈME MODE.

1. Inviolata.

2. Quæ es effecta.

3. O Mater alma.

4. Suscipe.

(1) Ce signe s'appelle guidon; il indique une note qu'on ne doit pas toucher, et qui est pour annoncer à l'avance la première note de la portée suivante.

HYMNE *ADORO TE DEVOTE* DU CINQUIÈME MODE.

ANTIENNE *AVE REGINA* DU SIXIÈME MODE.

ANTIENNE *REGINA CŒLI* DU SIXIÈME MODE.

ANTIENNE *ALMA REDEMPTORIS* DU CINQUIÈME MODE TRANSPOSÉ.

HYMNE *DEUS TUORUM MILITUM* DU HUITIÈME MODE.

HYMNE *VERBUM SUPERNUM* DU HUITIÈME MODE.

HYMNE *VENI CREATOR* DU HUITIÈME MODE.

HYMNE *PANGE LINGUA* DU TROISIÈME MODE.

HYMNE *BEATA NOBIS GAUDIA* DU PREMIER MODE.

HYMNE *TE LUCIS ANTE TERMINUM* DU QUATRIÈME MODE.

HYMNE *UT QUEANT LAXIS* DU DEUXIÈME MODE.

HYMNE *VEXILLA REGIS* DU PREMIER MODE.

HYMNE *SALVETE FLORES MARTYRUM* DU PREMIER MODE.

HYMNE *SACRIS SOLEMNIIS* DU PREMIER MODE.

HYMNE *A SOLIS ORTUS CARDINE* DU QUATRIÈME MODE.

HYMNE *AVE MARIS STELLA* DU PREMIER MODE.

SALVE REGINA DU PREMIER MODE.

BENEDICAMUS DU 2 EN D POUR LES ANNUELS (CHANT PARISIEN).

MESSE ROYALE DE DUMONT.

KYRIE DU PREMIER MODE.

GLORIA IN EXCELSIS DU PREMIER MODE.

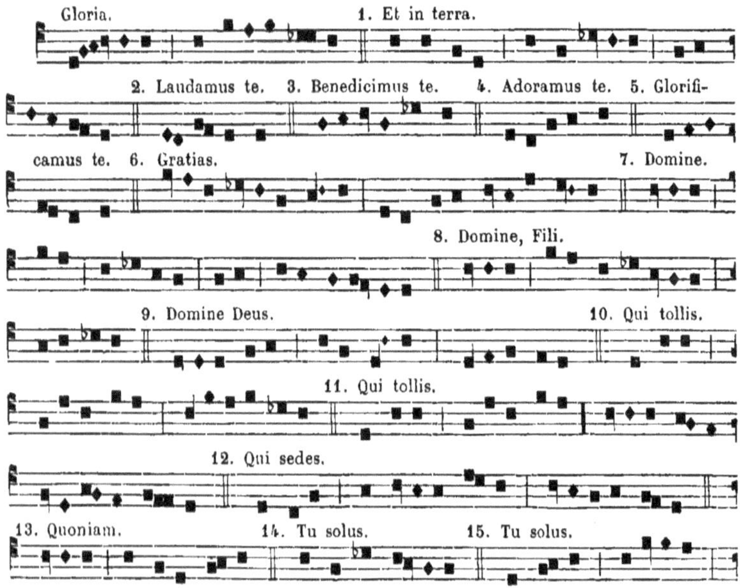

16. Cum sancto.   17. Amen.

CREDO DU PREMIER MODE.

13. Et in Spiritum.

14. Qui cum Patre.

15. Et unam.

16. Confiteor.

17. Et expecto.   18. Et vitam.

Amen.

SANCTUS DU PREMIER MODE.

AGNUS DU PREMIER MODE.

MESSE POUR LES FÊTES DOUBLES.

KYRIE DU PREMIER MODE.

GLORIA IN EXCELSIS DU QUATRIÈME MODE.

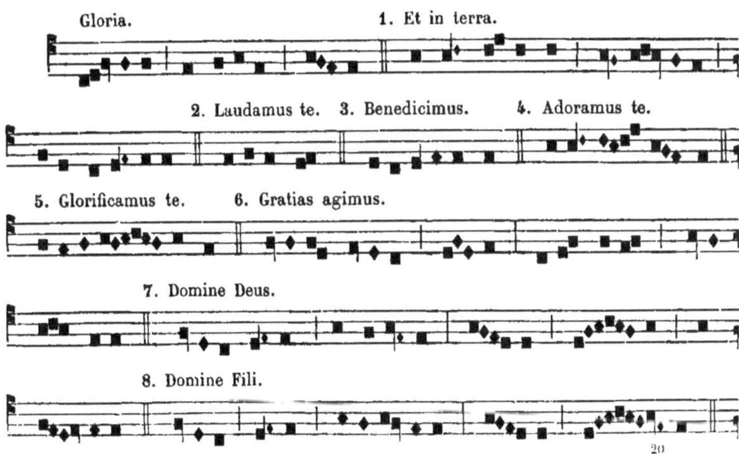

20

SANCTUS DU HUITIÈME MODE.

AGNUS DU SIXIÈME MODE.

MESSE POUR LES FÊTES DE LA SAINTE VIERGE.

KYRIE DU TROISIÈME MODE.

GLORIA DU SEPTIÈME MODE.

SANCTUS DU CINQUIÈME MODE TRANSPOSÉ.

Pleni sunt.

Benedictus.

Hosanna.

AGNUS DU CINQUIÈME MODE TRANSPOSÉ.

Agnus.

Agnus.

Agnus Dei.

Les chants suivants ne se trouvent que dans la deuxième partie.

HYMNE *CREATOR ALME SIDERUM* DU QUATRIÈME MODE.

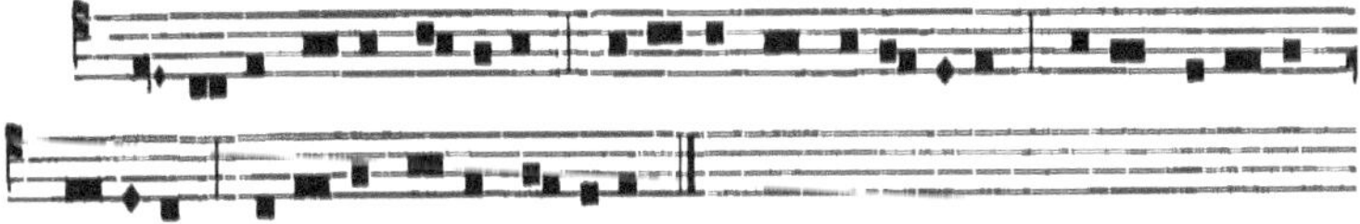

ANTIENNE *SUB TUUM PRÆSIDIUM* DU SEPTIÈME MODE.

CHANT PARISIEN.

Chant du premier ton pour les Psaumes.

SUPPLÉMENT

RENFERMANT

DES EXEMPLES TIRÉS DU CHANT ROMAIN TRADITIONNEL

AVEC

LE PLAIN-CHANT A LA BASSE ET A LA PARTIE SUPÉRIEURE

CHANTS A LA BASSE.

AVE VERUM DU SIXIÈME MODE.

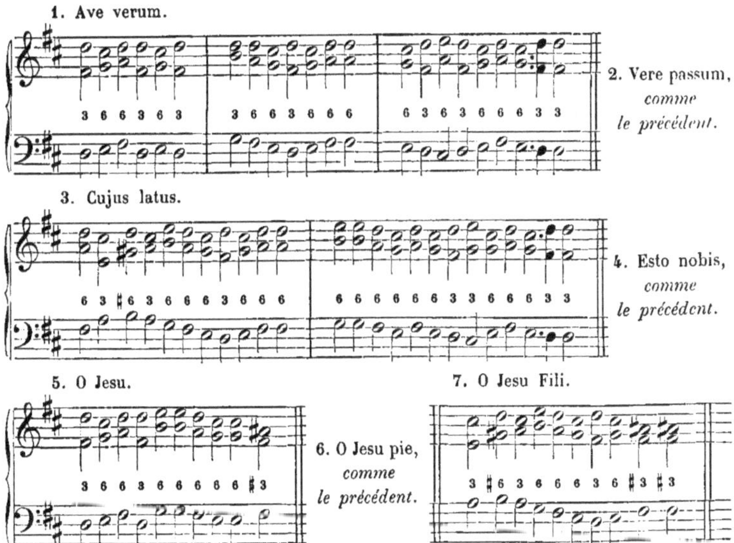

8. Tu nobis.

AVE VERUM DU SIXIÈME MODE.

1. Ave verum.

Basse
à accompagner.

2. Vere passum,
comme le précédent.

3. Cujus latus.

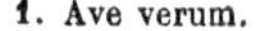

4. Esto nobis,
comme le précédent.

5. O Jesu.

6. O Jesu pie,
comme le précédent.

7. O Jesu Fili.

8. Tu nobis.

SÉQUENCE *INVIOLATA* DU SIXIÈME MODE.

1. Inviolata.

2. Quæ es effecta.

3. O Mater alma.

4. Suscipe.

5. Nostra ut.

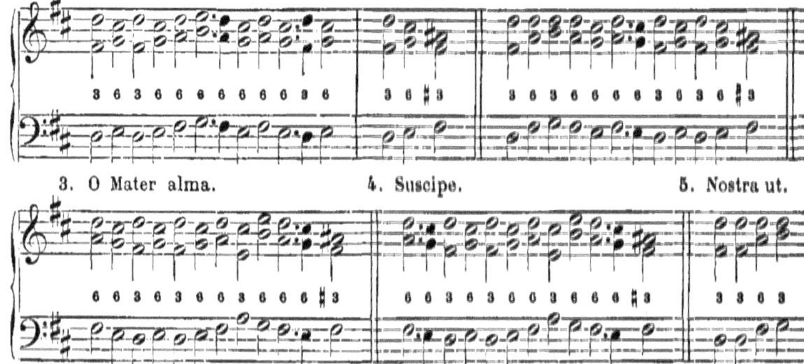

INVIOLATA DU SIXIÈME MODE.

HYMNE *ADORO TE DEVOTE* DU CINQUIÈME MODE.

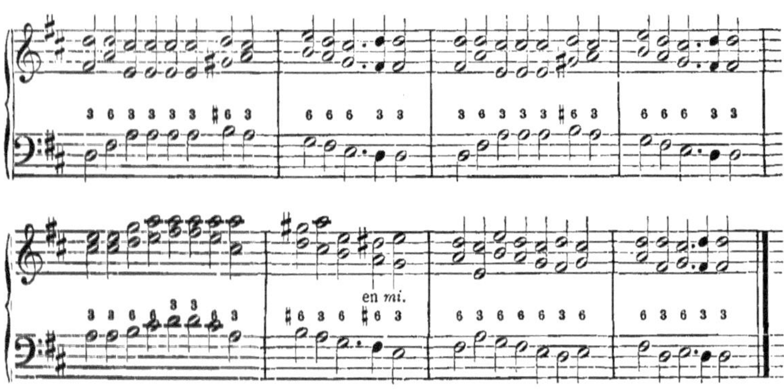

HYMNE *ADORO TE DEVOTE* DU CINQUIÈME MODE.

ANTIENNE *AVE REGINA* DU SIXIÈME MODE.

ANTIENNE *AVE REGINA* DU SIXIÈME MODE.

3. Salve radix.

4. Ex qua mundo.   5. Gaude Virgo.

6. Super omnes.   7. Vale.

8. Et pro nobis.

ANTIENNE *REGINA CŒLI* DU SIXIÈME MODE.

1. Regina cœli.

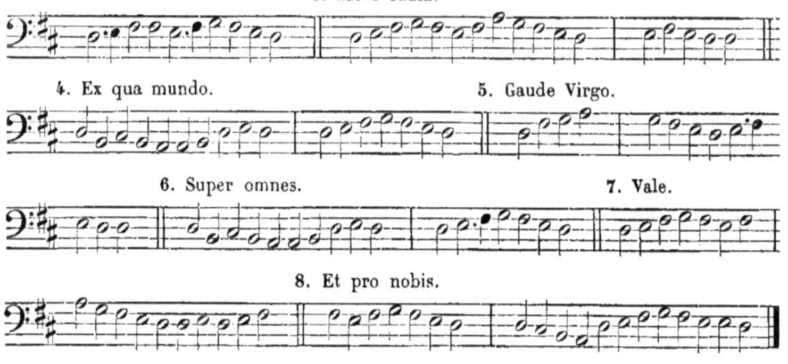

2. Quia.   1ᵉʳ accomp.

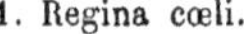

3. Resurrexit.

4. Ora pro nobis.

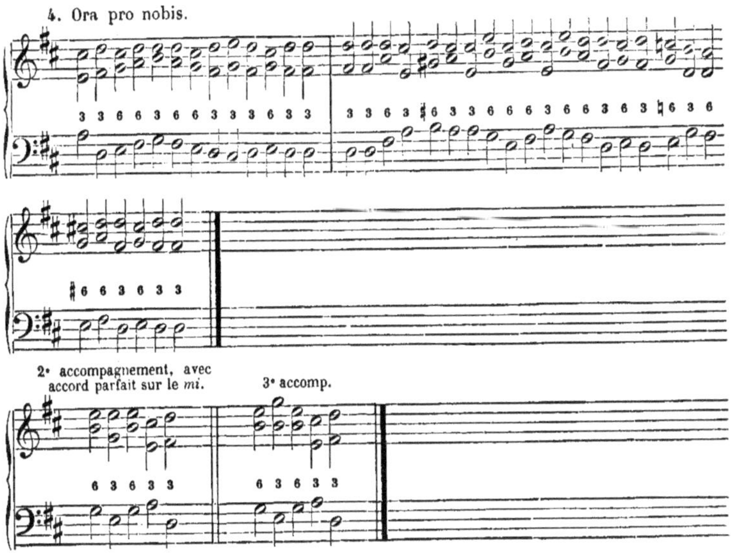

ANTIENNE *REGINA CŒLI* DU SIXIÈME MODE.

HYMNE *PANGE LINGUA* DU TROISIÈME MODE.

HYMNE *PANGE LINGUA* DU TROISIÈME MODE.

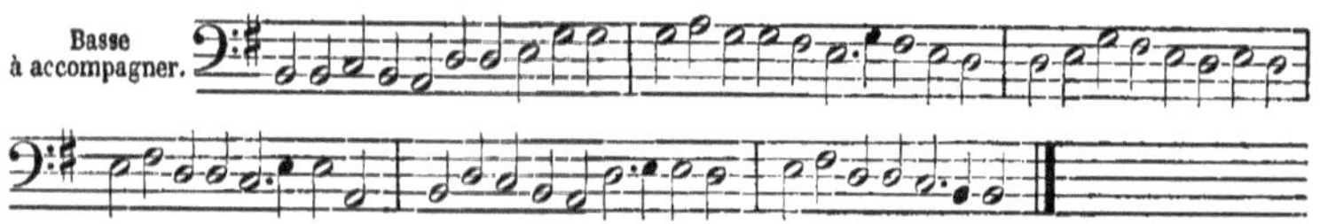

ANTIENNE *ALMA REDEMPTORIS* DU CINQUIÈME MODE.

2. Et stella.
3. Tu quæ.
4. Virgo.

ANTIENNE *ALMA REDEMPTORIS* DU CINQUIÈME MODE.

HYMNE *VERBUM SUPERNUM* DU HUITIÈME MODE.

HYMNE *VERBUM SUPERNUM* DU HUITIÈME MODE.

HYMNE *VENI CREATOR* DU HUITIÈME MODE.

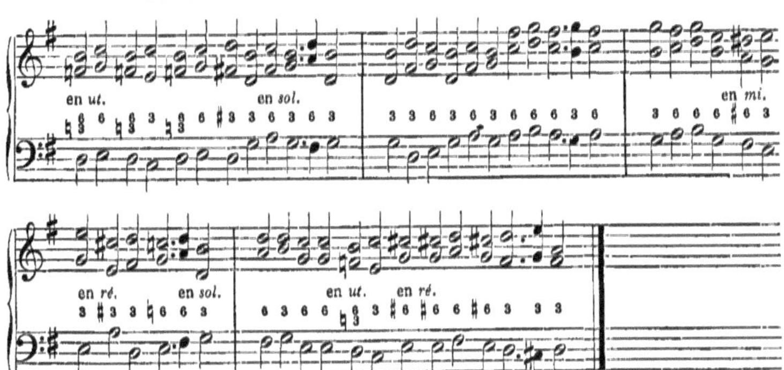

HYMNE *VENI CREATOR* DU HUITIÈME MODE.

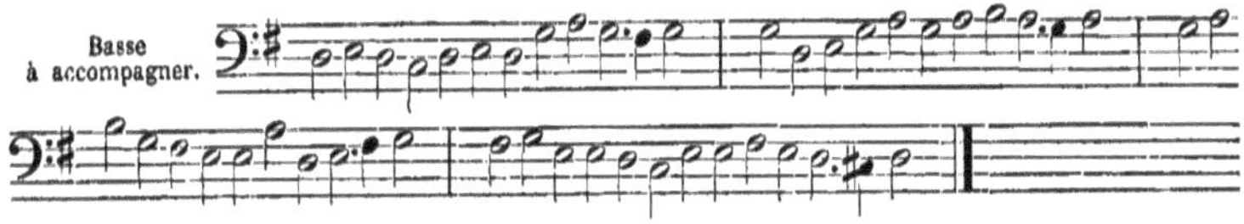

ANTIENNE *SALVE REGINA* DU PREMIER MODE.

1. Salve Regina.

2. Vita dulcedo.

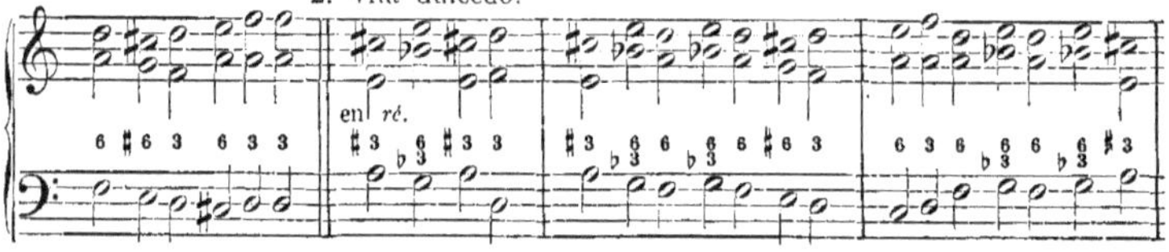

3. Ad te clamamus.

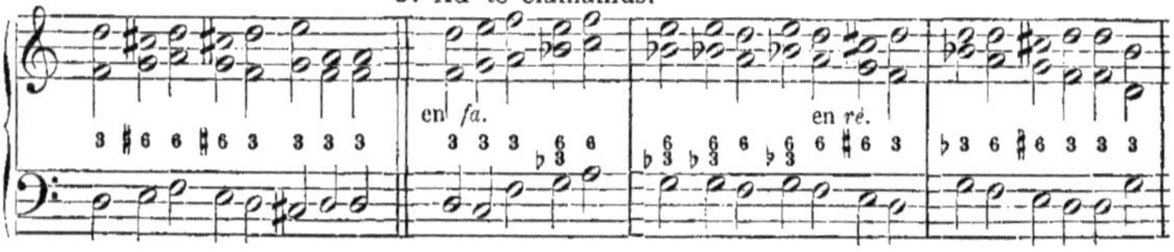

4. Ad te suspiramus.

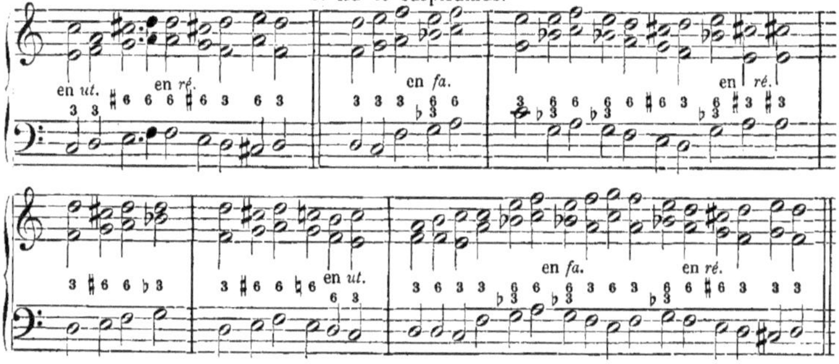

5. Eia ergo.

6. Et Jesum.

ANTIENNE *SALVE REGINA* DU PREMIER MODE.

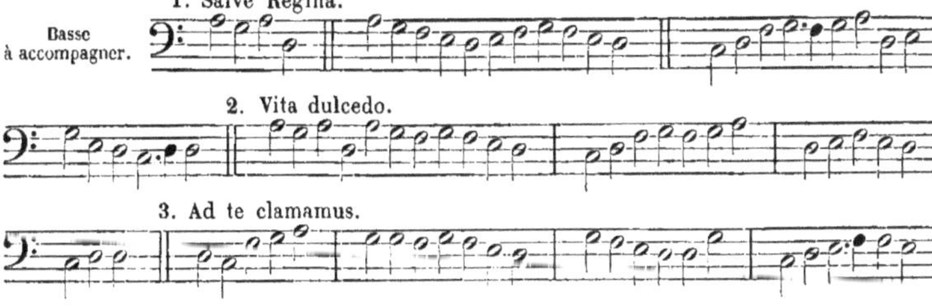

4. Ad te suspiramus.

5. Eia ergo.

6. Et Jesum.

7. O clemens.   **8. O pia.**

9. O dulcis.

ANTIENNE *O SAPIENTIA* DU DEUXIÈME MODE.

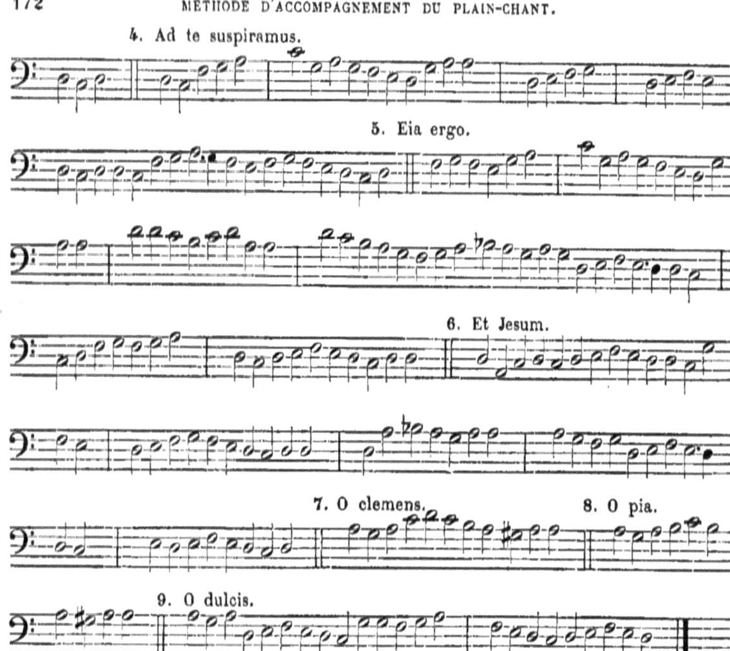

ANTIENNE *O SAPIENTIA* DU DEUXIÈME MODE.

ANTIENNE *ASPERGES ME* DU SEPTIÈME MODE.

ANTIENNE *ASPERGES ME* DU SEPTIÈME MODE.

Basse
à accompagner.

CHANTS A LA PARTIE SUPÉRIEURE.

INVIOLATA DU SIXIÈME MODE.

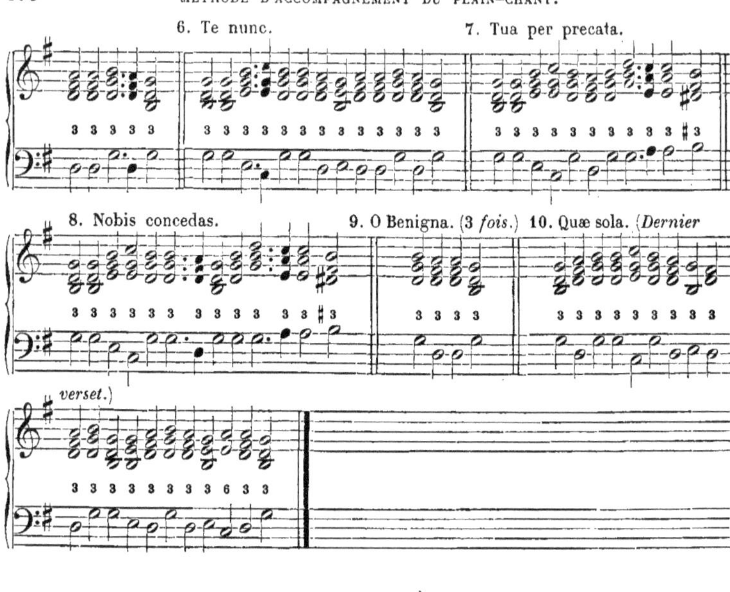

INVIOLATA DU SIXIÈME MODE.

ANTIENNE *AVE VERUM* DU SIXIÈME MODE.

ANTIENNE *AVE VERUM* DU SIXIÈME MODE.

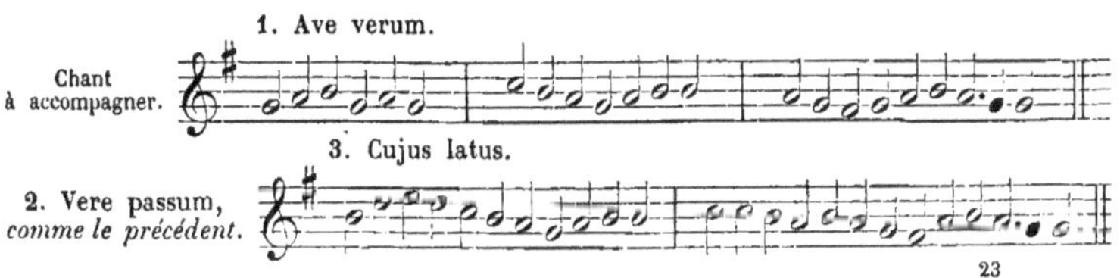

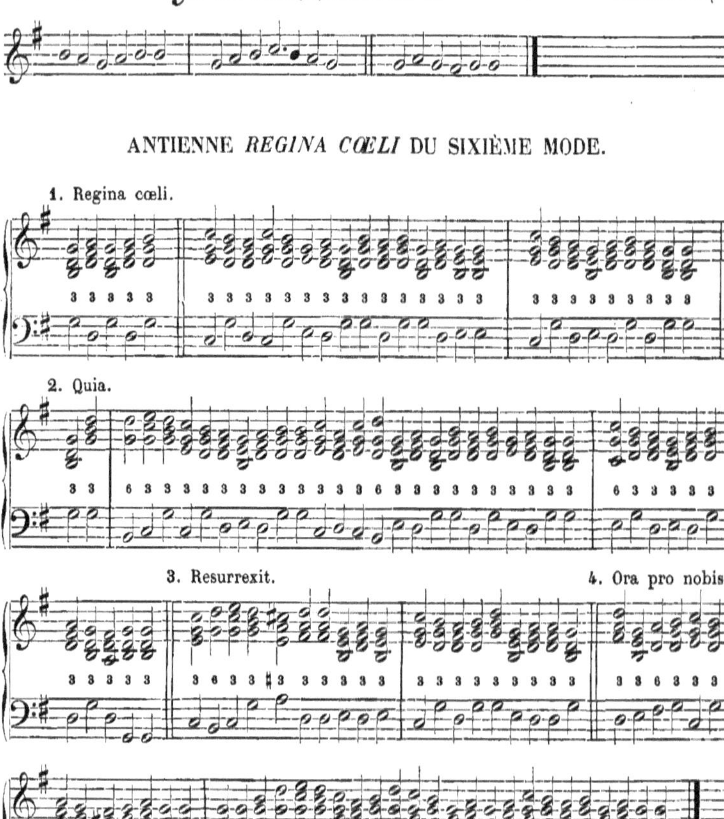

ANTIENNE *REGINA CŒLI* DU SIXIÈME MODE.

ANTIENNE *REGINA CŒLI* DU SIXIEME MODE.

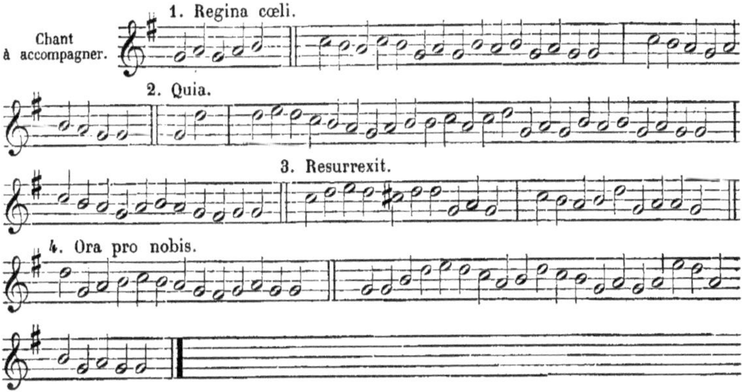

HYMNE *ADORO TE DEVOTE* DU CINQUIÈME MODE.

HYMNE *ADORO TE DEVOTE* DU CINQUIÈME MODE.

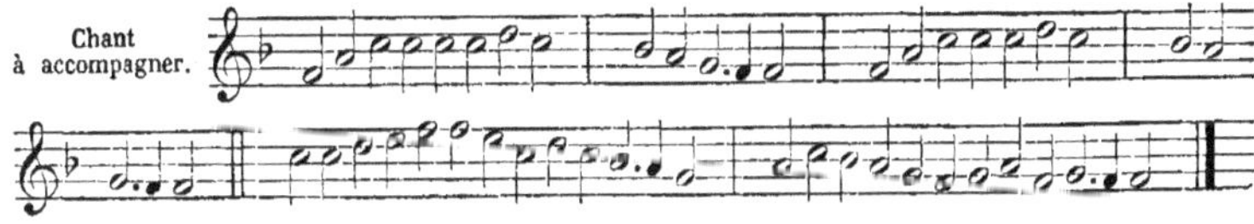

ANTIENNE *AVE REGINA* DU SIXIÈME MODE.

ANTIENNE *AVE REGINA* DU SIXIÈME MODE.

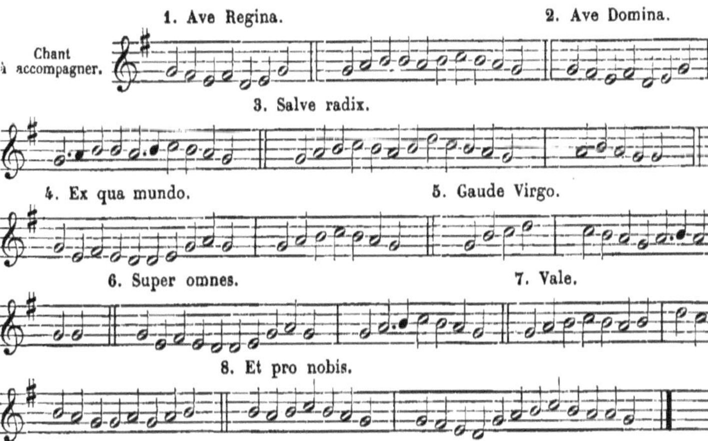

ANTIENNE *ALMA REDEMPTORIS* DU CINQUIÈME MODE.

ANTIENNE *ALMA REDEMPTORIS* DU CINQUIÈME MODE.

1. Alma.

Chant
à accompagner.

HYMNE *PANGE LINGUA* DU TROISIÈME MODE.

HYMNE *PANGE LINGUA* DU TROISIÈME MODE.

HYMNE *VENI CREATOR* DU HUITIÈME MODE.

HYMNE *VENI CREATOR* DU HUITIÈME MODE.

HYMNE *VERBUM SUPERNUM* DU HUITIÈME MODE.

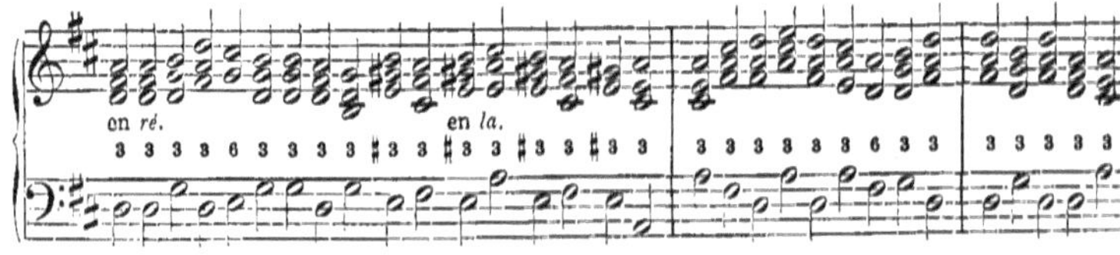

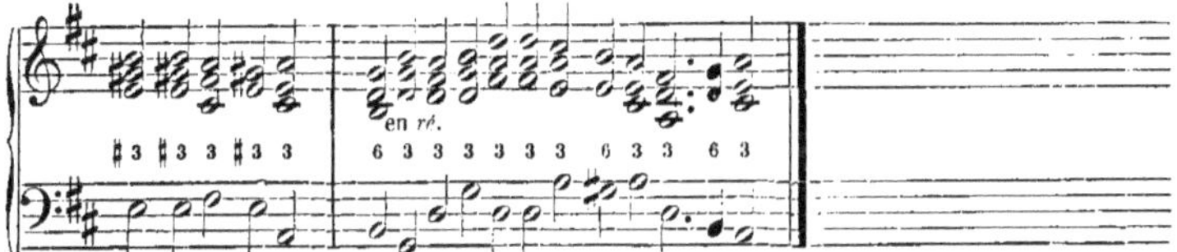

HYMNE *VERBUM SUPERNUM* DU HUITIÈME MODE.

ANTIENNE *SALVE REGINA* DU PREMIER MODE.

1. Salve Regina.

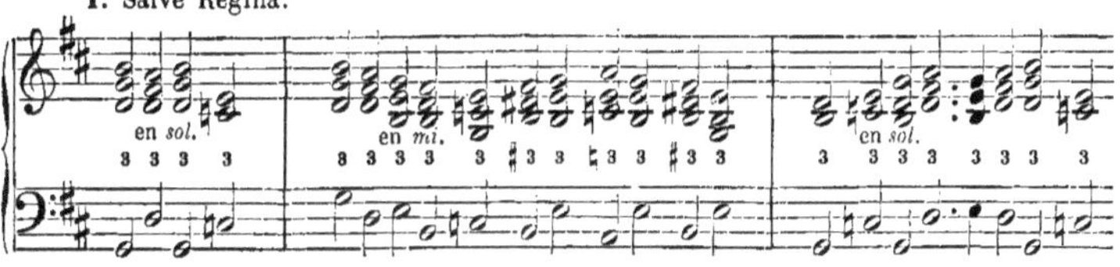

2. Vita dulcedo.

3. Ad te clamamus.

4. Ad te suspiramus.

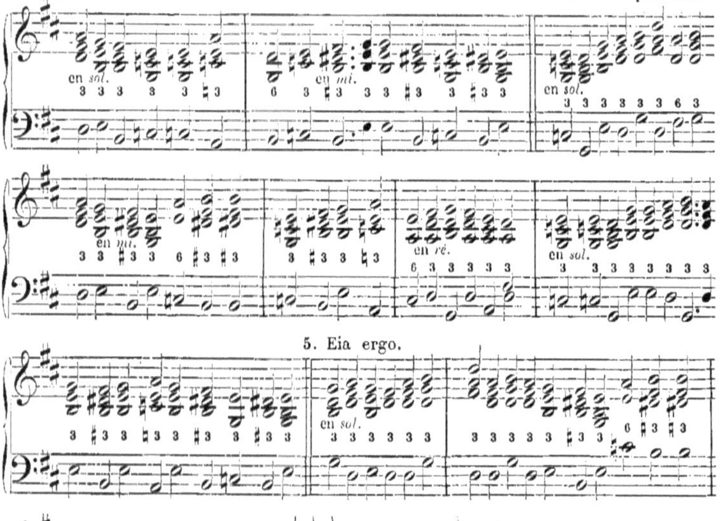

5. Eia ergo.

6. Et Jesum.

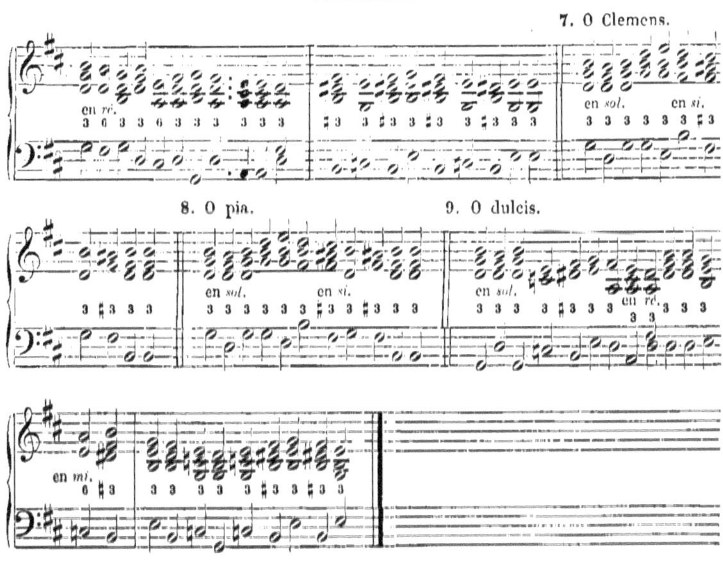

ANTIENNE *SALVE REGINA* DU PREMIER MODE.

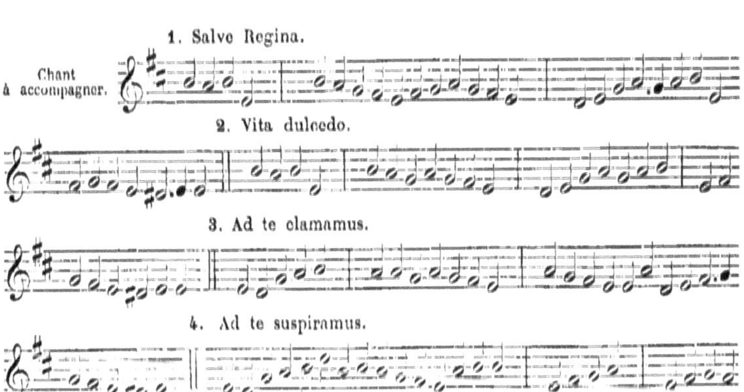

INTROIT *GAUDEAMUS* DU PREMIER MODE.

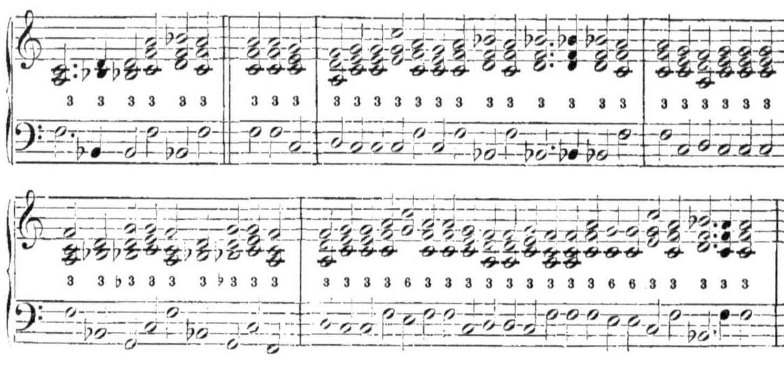

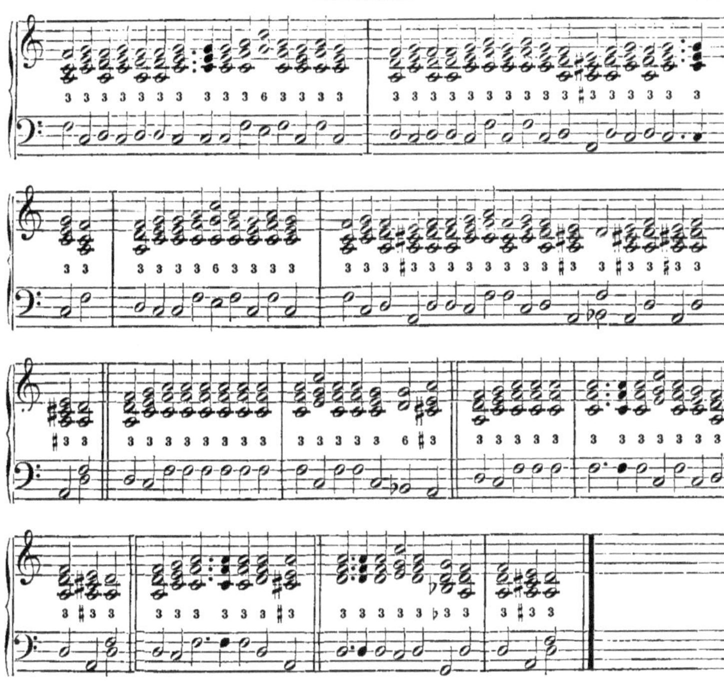

INROIT *GAUDEAMUS* DU PREMIER MODE.

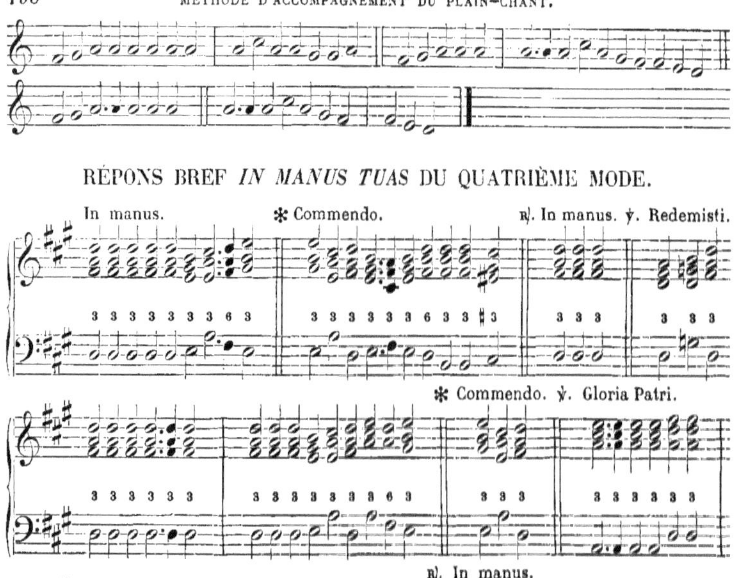
RÉPONS BREF IN MANUS TUAS DU QUATRIÈME MODE.
In manus.
✷ Commendo.
℟. In manus. ℣. Redemisti.
✷ Commendo. ℣. Gloria Patri.
℟. In manus.
etc.

RÉPONS BREF IN MANUS TUAS DU QUATRIÈME MODE.
Chant à accompagner.
In manus.
✷ Commendo.
℟. In manus.
℣. Redemisti.
✷ Commendo. ℣. Gloria Patri.
℟. In manus.
etc.

CHANTS DE PSAUMES LES PLUS USITÉS.

DEUXIÈME TON EN D. (1)

DEUXIÈME TON EN A.

TROISIÈME TON EN A.

QUATRIÈME TON EN E OU A.

(1) Pour le premier ton, voyez p. 103; pour le cinquième et sixième ton, voyez p. 78.

SEPTIÈME TON EN D.

HUITIÈME TON EN G.

FIN DU SUPPLÉMENT.

TABLE DES MATIÈRES

DEUXIÈME PARTIE.

DU PLAIN-CHANT MIS A LA PARTIE SUPÉRIEURE.

TROISIÈME PARTIE.

RENFERMANT DE NOUVELLES EXPLICATIONS RELATIVES A L'HARMONIE. — DE LA TRANSPOSITION DU PLAIN-CHANT. — PLAINS-CHANTS REPRODUITS SELON LA NOTATION DES LIVRES D'OFFICE.

SUPPLÉMENT

RENFERMANT DES EXEMPLES TIRÉS DU CHANT ROMAIN TRADITIONNEL AVEC LE PLAIN-CHANT A LA BASSE ET A LA PARTIE SUPÉRIEURE.

Paris. — Imprimerie ABEL LE CLERE, rue Cassette, 29, près Saint-Sulpice.

OUVRAGES DU MÊME AUTEUR :

TRAITÉ D'HARMONIE, contenant les règles et les exercices nécessaires pour apprendre à bien accompagner un chant. — Prix marqué. . . . . **20 fr.**

On trouve dans ce Traité d'harmonie des règles pour apprendre à accompagner une basse ou un chant donné, et pour s'exercer à préluder ; des explications relatives aux voix et aux instruments ; des conseils sur la composition, etc., etc. — Malgré l'abondance des matières, le prix de cet Ouvrage est moins élevé que celui de la plupart des autres du même genre.

RÉSUMÉ DES ACCORDS APPLIQUÉS A LA COMPOSITION. — Prix marqué. . . **9 fr.**

Cet Ouvrage permet de s'exercer à composer et à préluder dès les premières leçons.

TRAITÉ DE CONTREPOINT ET DE FUGUE, précédé d'une récapitulation de toute l'harmonie. — Prix marqué. . . . . **12 fr.**

MANUEL DE TRANSPOSITION MUSICALE. — Prix net. . . . . **2 fr. 50**

Le Manuel de Transposition renferme des exercices pour apprendre à lire toutes les clefs ; de nombreux exemples, d'une difficulté graduée, pour s'exercer à transposer ; des règles très-peu connues et d'une exactitude rigoureuse pour connaître sur-le-champ comment il faut traiter — lorsqu'on transpose — les dièses, les bécarres, les bémols, qui se rencontrent accidentellement.

EXPLICATION DES ACCORDS. — Prix net. . . . . **1 fr. 25**

Le but de cet Ouvrage est de mettre chacun à même d'apprendre et d'enseigner les premières notions de l'Harmonie.

EXERCICES HARMONIQUES ET MÉLODIQUES, d'après un plan nouveau, qui permet d'acquérir plus promptement l'habitude d'employer les accords avec goût. — Prix marqué. . . . . **12 fr.**

Les Exercices harmoniques sont uniquement consacrés à la pratique de l'Harmonie. On y trouve des basses chiffrées, des leçons d'harmonie toutes faites, des basses et des chants sans accompagnement ; des morceaux dans le genre des leçons de solfége. Mais, pour comprendre tout le parti qu'on peut tirer de cet ouvrage, il faut en lire le plan qui est exposé dans la Préface.

RECUEIL DE LEÇONS D'HARMONIE, donnant le moyen de repasser les marches et les formules harmoniques les plus usitées, sans fatigue pour la mémoire. — Prix marqué. . . . . **7 fr. 50**

O SALUTARIS à trois voix, pouvant se chanter en solo, avec orgue ou piano. — Prix marqué. **2 fr. 50**

O SALUTARIS, pour soprano ou ténor, avec accompagnement d'orgue ou piano. — Prix marqué. **2 fr. 50**

CONTEMPLAMINI à une, deux ou trois voix, avec orgue ou piano. — Prix marqué. **2 fr. 50**

DEUX OFFERTOIRES, pour grand Orgue ou Harmonium. — Prix net. . . . **1 fr. 50**

PARIS. — IMP. ADRIEN LE CLERE.

www.ingramcontent.com/pod-product-compliance
Lightning Source LLC
LaVergne TN
LVHW021704060726
842527LV00003B/995